Bernd Flessner

Geniale Denker und clevere Tüftler

Bernd Flessner

Geniale Denker
und clevere Tüftler

20 bahnbrechende Erfindungen
der Menschheit

In Zusammenarbeit mit **DER JUGEND BROCKHAUS**

Inhaltsverzeichnis

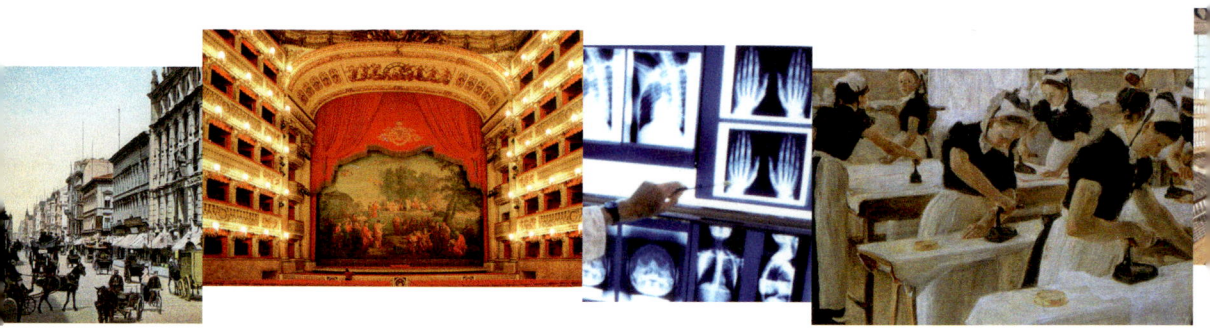

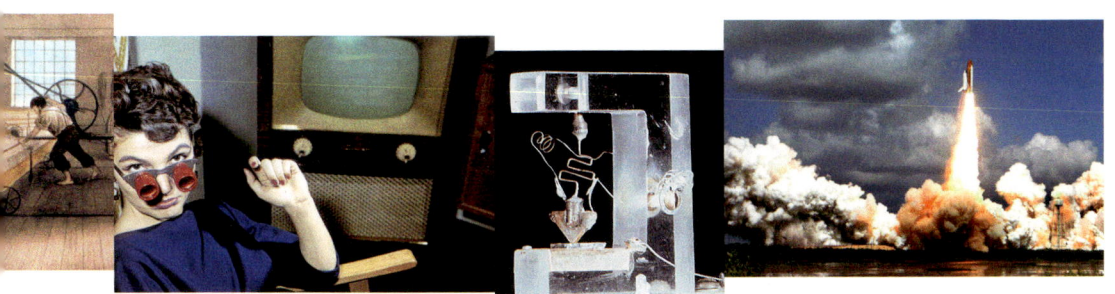

Die **zündende Idee**

Eine kleine Geschichte des Feuers

800.000 v. Chr. in Ostafrika

„Wenn ich den Ast herunterrutsche, kann ich den Affen vielleicht noch erwischen. Au! Werden dabei die Hände heiß. Fast so, als würde ich sie ins Feuer halten. Wie bei einem Waldbrand.

Da habe ich mir schon mal einen brennenden Zweig für eine Feuerstelle geholt. Das Feuer darf man auf keinen Fall ausgehen lassen. Denn selbst entzünden kann man es nicht. Oder vielleicht doch? Meine Hände sind beim Rutschen heiß geworden. Dann müssten doch auch zwei Holzstücke heiß werden, wenn ich sie aneinanderreibe. Das muss ich gleich ausprobieren! Da sind zwei schöne trockne Hölzer. Tatsächlich: Sie werden heiß. Aber ein Feuer brennt nicht. Schade. Vielleicht, wenn ich noch schneller reibe und etwas von dem trockenen Moos dazu gebe? Und vorsichtig puste? Da, jetzt bilden sich Funken! Ich habe es geschafft: Es brennt!"

Ein Urmensch auf der Jagd

Wir befinden uns im Jahr 800.000 v. Chr. in Ostafrika. Eine Gruppe von Steinzeitmenschen durchstreift ein Waldstück auf der Suche nach Nahrung. Sie gehören zur Gattung Homo erectus, das bedeutet „aufgerichteter Mensch". Dieser Vorfahre des heutigen Menschen ist etwa so groß wie wir, kann sprechen und Werkzeuge aus Holz und Stein herstellen. Mit Speeren ist die kleine Gruppe losgezogen, um zu jagen. Auf ihrem Weg sammelt sie aber auch Früchte und Beeren. Alle bleiben immer dicht zusammen, um sich besser gegen mögliche Angreifer wie wilde Tiere verteidigen zu können.

Die Menschen der Steinzeit waren klüger, als viele Menschen heute annehmen.

Waldbrände – gefürchtet und begehrt

Die größte Gefahr geht aber nicht von Raubtieren aus, sondern von Waldbränden, die durch Blitze ausgelöst werden. Schon bei den ersten Anzeichen flüchten alle Hals über Kopf zu den Flüssen. Es gibt jedoch immer wieder auch ein paar Mutige, die nicht ganz so viel Angst haben. Kaum ist der Brand erloschen, wagen sie sich zurück in den verbrannten Wald. Doch warum gehen sie dieses Wagnis ein? Sie hoffen, Tiere zu finden, die dem Feuer nicht entkommen konnten. Einige dieser Tiere sind stark verbrannt, bei anderen jedoch ist das Fleisch nur sehr heiß geworden. Auf dieses Fleisch haben es die Menschen abgesehen, denn es schmeckt besser als rohes Fleisch und lässt sich leichter kauen.

Steinzeitmenschen auf Mammutjagd

Die Menschen der Steinzeit lernten die Wirkung des Feuers durch Waldbrände kennen.

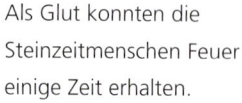

Als Glut konnten die Steinzeitmenschen Feuer einige Zeit erhalten.

Nachdem sich alle an dem Fleisch eines großen Wildschweins satt gegessen haben, sind sie sich einig: Feuer ist nicht nur gefährlich, es kann auch nützlich sein. Ein besonders mutiger Mann hebt einen brennenden Zweig auf und trägt ihn zum Lagerplatz. Bald brennt zwischen den Blätterhütten ein kleines Feuer. Voller Angst, aber auch voller Neugier schauen die Menschen in die Flammen. Sie entdecken, dass das Feuer immer wieder Holz braucht, um weiterzubrennen. Harte und ungenießbare Früchte werden essbar, wenn man sie im Feuer gart. Auch Fische werden zart und schmecken nun viel feiner. Angreifende wilde Tiere lassen sich mit einem brennenden Zweig jetzt viel leichter vertreiben. Noch dazu kann man dank des Feuers auch nachts sehen. Wer Feuer hat, der hat Macht. Doch als es zu regnen beginnt, verliert die kleine Gruppe diese Macht wieder. Die

Flammen werden immer kleiner und verlöschen schließlich. Jetzt müssen die Menschen wieder zähes, kaltes Fleisch essen. Anders als noch vor Wochen freuen sie sich auf den nächsten Waldbrand.

Endlich selbst Feuer machen

Umso erstaunter sind alle, als sie eines Tages auf einige fremde Jäger treffen, die ihnen zeigen, wie man in kurzer Zeit mit zwei Hölzern, die man aneinanderreibt, **Feuer** machen kann. Einer der Jäger kennt noch eine andere Methode. Stolz zeigt er zwei besondere Steine, die er so aneinanderschlägt, dass Funken entstehen, die trockenes Moos entzünden.

Ein Indianer entzündet mit der in der Steinzeit erfundenen Methode ein Feuer.

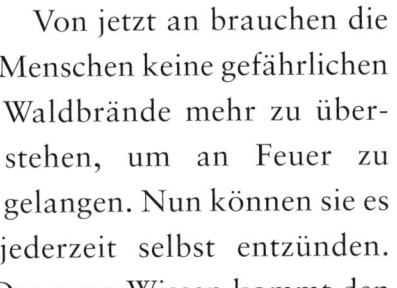

Von jetzt an brauchen die Menschen keine gefährlichen Waldbrände mehr zu überstehen, um an Feuer zu gelangen. Nun können sie es jederzeit selbst entzünden. Das neue Wissen kommt den Menschen in Ostafrika sehr gelegen, denn durch mehrere Waldbrände ist das meiste Jagdwild ausgerottet. Dafür gibt es im Norden, also in Europa, sehr viel Wild. Doch dahin kann der Homo erectus bislang nicht ziehen, denn in Europa ist es viel kälter als in Afrika: Dort gibt es Eis und Schnee. Aber mithilfe des Feuers, das nun immer verfügbar ist, wagen die Menschen schließlich diesen Schritt. Das Feuer hält in den kalten Nächten und im Winter warm. Immer weiter dringen die Menschen aus Afrika nach Norden vor und verbreiten sich über den ganzen Kontinent.

Wissen *spezial*

Wie entsteht Feuer?
Wenn ein brennbarer Stoff wie Holz durch Reibung oder glühende Funken sehr heiß wird, verbinden sich winzige Holzteilchen mit dem Sauerstoff der Luft. Dabei entstehen Licht und Hitze: Das Holz beginnt zu brennen.

Wissen *spezial*

Wie funktioniert ein Feuerstein?

Um Feuer mit einem Feuerstein, einem harten Gestein aus Chalcedon und Opal, zu machen, braucht man einen zweiten Stein, den Pyrit. Mit diesem schlägt man kleine glühende Stücke vom Feuerstein, die trockenes Moos zum Glimmen bringen. Durch Pusten wird aus der Glut eine Flamme.

Höhlenmalerei aus Frankreich

Nachfahren des Homo erectus wie etwa der Homo heidelbergensis (Heidelbergmensch) oder der Neandertaler nutzen ebenfalls das Feuer. Für sie gehört der Umgang mit **Feuersteinen** bereits zum Alltag. Sie haben keine Angst mehr vor den Flammen, aber immer noch großen Respekt, denn was Feuer genau ist, wissen sie nicht. Sie sehen das Feuer als etwas Geheimnisvolles, Lebendiges an. Um dieses Wesen friedlich zu stimmen, werfen sie immer wieder einige Teile der gebratenen Tiere als Opfergaben in die Flammen.

Pech und Ton

Vor rund 80.000 Jahren machen die Menschen zufällig eine weitere Entdeckung, als sie ein Feuer mit Sand löschen und harziges Kiefernholz weiterglüht, ohne zu brennen. Übrig bleibt eine schwarze Masse, das **Pech**. Es erweist sich als ausgezeichneter Klebstoff, mit dem sich zum Beispiel Pfeilspitzen befestigen lassen. Außerdem brennt es sehr gut. Daher tauchen die Menschen ihre Fackeln von nun an in Pech. So brennen sie heller und länger. Der Homo sapiens, also der „weise Mensch", dringt mit den Fackeln tief in die Höhlen vor, die er etwa in Spanien oder Frankreich entdeckt. Oft nutzt er die vorderen Bereiche der Höhlen als Wohnung. Vor rund 35.000 Jahren beginnen die Menschen, die Wände im Inneren zu bemalen. Dank der Fackeln entstehen Bilder von Tieren und Menschen, von der Jagd und von Sonne und Mond. All dies ist nur der Beherrschung des Feuers zu verdanken, das auch bei der Herstellung der Farben benötigt wird, die zum Teil aus Holzkohle bestehen.

In manchen Kulturen wurde Feuer als lebendiges Wesen oder böser Dämon angesehen.

Pech kann noch mehr

Pech brennt nicht nur gut, sondern ist auch wasserfest. Die zähe, klebrige Masse eignete sich hervorragend, um Holzfässer oder Boote abzudichten. Das Pech wurde erhitzt und dadurch flüssiger. So konnte man es leicht auf das Holz streichen.

Einfache Brennöfen reichten aus, um Gefäße aus Ton zu brennen.

Vor rund 8000 Jahren kommt den Menschen der Zufall aufs Neue zu Hilfe. Ein Stück Lehm gerät in ein großes Feuer und wird hart wie Stein. Bald entstehen aus Lehm Gefäße, in die Früchte oder Getreide gefüllt werden. Die ersten Gefäße werden noch aus kleinen Tonwürsten getöpfert, die Handwerker kunstvoll übereinanderlegen. Sie stellen auch kleine Figuren her, die Menschen oder Tiere darstellen. Anschließend brennen sie ihre Arbeiten in einfachen **Brennöfen**. Mit der Erfindung der Töpferscheibe vor etwa 6000 Jahren können Tonwaren schnell und in großen Stückzahlen hergestellt werden. Der Töpfer wird zu einem der ersten richtigen Berufe.

Thema   **Prometheus und das göttliche Geschenk**

Der altgriechische Gott Prometheus wollte, dass kluge Geschöpfe auf der Erde leben. Also formte er aus Ton die Menschen und gab ihnen alles, was sie brauchten. Nur das Feuer durfte er ihnen nicht geben, das hatte Zeus ihm untersagt. Aber Prometheus gab nicht auf, sondern holte es mit einer Fackel vom Himmel. Darüber war Zeus erbost und ließ Prometheus zur Strafe an einen Felsen ketten. Jeden Tag fraß ein Adler seine Leber, die in der Nacht wieder nachwuchs. Erst der Held Herakles konnte Prometheus endlich befreien.

Heiliges Feuer: religiöses
Ritual in Indien

Heiliges Feuer

Jahrtausendelang gilt das Feuer als magisch und geheimnisvoll. In vielen Regionen der Erde wird es sogar als Geschenk der Götter betrachtet. So verehrten zum Beispiel die alten Griechen lange Zeit **Prometheus** und die Göttin Hestia, die Schwester des Zeus. Sie ist die Beschützerin des Herdfeuers und der Eintracht der Familie. Bei den Römern erhält diese Göttin später den Namen Vesta und zählt zu den beliebtesten Gottheiten im römischen Reich.

Im Hinduismus wird das Feuer bis heute verehrt und gilt als Vermittler zwischen Menschen und Gott. Siebenmal muss ein Paar das heilige Feuer, Agni genannt, umrunden, damit die Ehe gültig ist.

Wissen *spezial*

Die ersten Brennöfen
Die ersten Brennöfen waren Gruben, in denen ein Holzfeuer brannte. Auf Steinen lagen die getrockneten Lehmgefäße. Immer wieder musste Holz nachgelegt werden. Über Schächte erhielt das Feuer genügend Sauerstoff.

Schnell wie der Wind

Wie das Rad die Menschen vorwärtsbrachte

Vor 6000 Jahren in Mitteleuropa

„**W**as sind denn das für Scheiben an deinem Schlitten?"

„Das sind Räder. Die haben jetzt alle im großen Tal."

„Und wozu? Die machen den Schlitten doch nur unnötig schwer. Aber je leichter er ist, umso besser gleitet er über den Boden."

„Dafür lässt sich meiner aber ganz leicht ziehen, denn die Räder drehen sich, wenn du vorwärtsgehst."

„Ich vertrau auf meine Kufen. Damit bin ich immer noch schneller als du mit diesen schweren Holzscheiben."

„Na, dann los! Ich zeig dir gern, was meine Räder können! Wir werden ja sehen, wer gewinnt."

„Unglaublich! Gegen ihn habe ich keine Chance! Der ist so schnell wie der Wind! Solche Räder brauche ich auch!"

Zwei Bauern mit ihren Gefährten auf dem Weg ins Nachbardorf.

Vor 6000 Jahren steht ein Bauer in einem kleinen Dorf in Mitteleuropa vor einem Problem. Er hat eine Ziege geschlachtet und will sie nun zum Nachbardorf bringen und gegen zwei Körbe Fische eintauschen. Er könnte die Ziege auf seinen Schultern tragen, doch da das Tier sehr schwer ist, nimmt er lieber seine Schleife: Das ist eine Art Schlitten aus zwei langen Stangen, die über den Boden gezogen werden. Auf diesen Stangen ist ein Holzgestell für die Last befestigt. Vor die Schleife ist ein Ochse gespannt.

Der Bauer braucht zwei beschwerliche Stunden bis zum Nachbardorf, denn es gibt keinen richtigen Weg und die Schleife kratzt schwerfällig über den steinigen Boden. Als er sich wieder auf dem Heimweg befindet, hört der Bauer plötzlich in der Nähe ein vergnügtes Pfeifen. Er dreht sich um und erkennt hinter sich einen anderen Mann mit einem Schlitten. Der Bauer traut seinen Augen nicht, denn der Schlitten des Fremden kratzt nicht über den Boden. Stattdessen besitzt er an beiden Seiten je eine Scheibe aus Holz, auf denen das Gefährt rollt. Ohne große Anstrengung zieht der Ochse diesen Karren, auf dem gleich mehrere schwere Körbe stehen. Lächelnd und freundlich grüßend zieht der Fremde an dem schwitzenden Bauern vorbei.

Bauern erfanden das Rad, um Lasten leichter zu transportieren.

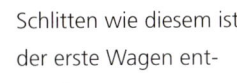

Aus einem Schlitten wie diesem ist der erste Wagen entstanden.

Schwere Lasten mühelos transportieren

Fast zwei Wochen benötigt der Bauer, um auch seine Schleife mit zwei Rädern auszustatten. Doch die harte Arbeit hat sich gelohnt. Schon beim ersten Einsatz ist er

Was ist Reibung?

Werden zwei Körper unter Druck gegeneinander bewegt, entsteht durch Unebenheiten auf der Oberfläche der Körper eine die Bewegung hemmende Kraft. Diese nennt man Reibung. Je größer der Druck, desto größer ist die Reibung. Um sie zu überwinden, muss man wiederum Kraft aufwenden.

begeistert von den Vorteilen des neuen Schlittens: Auch ohne den Ochsen einzuspannen, kann ihn der Bauer mühelos ziehen. Selbst wenn er voll beladen ist. Und wie gut sich der Karren lenken lässt! Statt sich wie eine Bremse am Boden festzuhalten, rollen die Räder mit geringer **Reibung** über den Boden. Räder hinterlassen auf dem Boden nur Abdrücke, aber keine tiefen Schleifspuren. Die nächste Fahrt zum Nachbardorf dauert nur noch eine Stunde. Dort schüttelt der Bauer verwundert den Kopf über einige Einwohner, die noch immer Schleifen ohne Räder benutzen.

Auch in Mesopotamien und im Kaukasus entdecken Menschen, dass ihre Schleifen leichter fahren, wenn sie Räder haben. Diese Räder hauen sie mit einfachen Beilen aus einem Baumstamm. Dabei schneiden sie keine

Zweirädrige Karren bei der Feldarbeit heute

Ein Fahrrad ist auch als Lastenträger gut einsetzbar.

Scheiben ab, sondern arbeiten das Rad in der Längsrichtung des Stamms heraus. Mit einer **Achse** befestigen sie die Räder schließlich am Wagen. Noch viel mehr Lasten als die zweirädrige Karre kann der vierrädrige Wagen befördern, der gleichzeitig erfunden wird. Vor allem Bauern und Händler nutzen die Erfindung, um geschlachtetes Vieh, Früchte oder Gemüse zu transportieren. Bald fahren Karren und Wagen in Europa, Nordafrika und Asien. Da es nirgendwo Straßen gibt, können die Wagen allerdings nur auf festem, halbwegs ebenem Grund eingesetzt werden. Ideal sind sie im Dorf oder in der Stadt.

Große Räder können mehr

Schnell lernen die Menschen, dass große Räder noch besser rollen als kleine. Statt der kleinen Scheibenräder aus einem Stück Holz werden bald große Räder aus einzelnen

Wissen *spezial*

Die Achse macht das Rad

Ein Rad reicht nicht aus, um einen Wagen zu bauen. Man braucht eine Achse, an der an jeder Seite ein Rad so angebracht ist, dass es sich drehen kann. Nicht die Räder, sondern die Achse wird dann am Wagen befestigt.

Aus dem Scheibenrad hat sich das Speichenrad entwickelt.

Ein riesiges Speichenrad:
das Riesenrad

Holzteilen zusammengesetzt. Die damit ausgerüsteten Wagen können mehrere Menschen oder viele Körbe und Krüge befördern. Sie können aber auch Krieger zu einer Schlacht bringen. Auf diese Idee kommen die Sumerer, ein Volk aus Mesopotamien. Ihre Feldherren machen aus dem Wagen einen Streitwagen, von dem aus Soldaten kämpfen und Pfeile verschießen. Noch sind diese Wagen langsam, denn die Räder sind zwar groß und rollen auch über unwegsames Gelände, aber sie sind sehr schwer. Wie könnte die Lösung für dieses Problem aussehen?

Leicht und stabil durch Speichen

Vor rund 4000 Jahren haben Wagenbauer die richtige Idee. Sie nehmen so viel vom Rad weg, dass nur das Nötigste übrig bleibt. Statt der dicken, schweren Holzscheiben bauen sie Räder, die nur aus einer Felge, zwei parallelen Querstreben und einem Verbindungsstück bestehen, das auf die Achse gesteckt wird. Durch dieses Strebenrad werden die Wagen leichter und wendiger. Nur so stabil wie die Scheibenräder sind sie nicht. Das ändert sich aber sehr schnell, als die Wagenbauer die Streben zu **Speichen** weiterentwickeln. Mit diesen neuen Rädern statten sie kleine und sehr leichte Streitwagen aus, die nur aus einem Holzrahmen und einer Lederbespannung bestehen. Zwei Hengste ziehen diesen Wagen, der gerade mal zwei Soldaten aufnehmen kann: einen Wagenlenker und einen Bogenschützen. Bei den Ägyptern stand sogar nur ein Soldat im Wagen, der die Zügel am Körper festband, um schießen zu können.

Wissen *spezial*

Warum Speichen?
Speichen sind Streben, die die Radnabe mit der Felge verbinden. Die Nabe ist das Mittelteil des Rades, das auf der Achse steckt. Die Felge ist die kreisrunde Lauffläche. Speichen machen Räder leicht und gleichzeitig stabil. Die ersten Speichenräder hatten sechs Speichen aus Bronze.

In der Schlacht und bei Wettrennen

Hethiter, Assyrer, Ägypter und andere Völker des Orients setzen diese neue Superwaffe in ihren Schlachten ein. Allerdings nur auf ebenen Schlachtfeldern, denn im Gebirge können die Streitwagen nicht fahren. Die Feldherren bereiten ihre Schlachten daher so vor, dass sie in einem Tal

Ägyptische Darstellung eines Streitwagens mit Speichenrädern

oder in der Steppe auf ihre Gegner treffen. Die wahrscheinlich größte Schlacht mit Streitwagen findet im Jahr 1274 v. Chr. bei der Stadt Kadesch im heutigen Syrien statt. Als die Stadt, die zum ägyptischen Reich gehört, von den Hethitern erobert wird, stellt Pharao Ramses II. ein riesiges Heer auf. Mit 20.000 Soldaten und 2000 Streit-

Wagenrennen lockten Tausende in den Circus maximus.

Der Circus maximus hatte die Form eines lang gezogenen Ovals.

wagen zieht er los, um den hethitischen König Muwatalli zu besiegen. Das ist jedoch nicht so leicht, denn die Hethiter stellen sich dem Pharao mit 35.000 Mann und 3500 Streitwagen entgegen. Die Schlacht dauert viele Tage, und etwa die Hälfte der Soldaten stirbt. Am Ende siegt der Pharao und schließt mit Muwatalli den ersten Friedensvertrag der Geschichte.

Streitwagen sind sehr schnell. Das bringt die Wagenlenker auf die Idee, Wettrennen zu fahren. Schließlich wollen die Menschen zu allen Zeiten wissen, wer der Schnellste ist. Alle Völker der Antike, von den Ägyptern bis zu den Römern, veranstalten Wagenrennen. In Rom wird dafür eigens der Circus maximus errichtet, eine 600 Meter lange und 150 Meter breite Arena, die Platz für rund 300.000 Menschen bietet. Bis zu 24 Rennen kann man an einem Renntag erleben. Das Publikum jubelt, vor allem, weil die Rennen gefährlich sind. Besonders die engen Kurven werden von den Wagenlenkern gefürchtet. Immer wieder stürzen Wagen, sodass der Wagenlenker an den Leinen, die an seinen Armen befestigt sind, von den Pferden durch die Arena geschleift wird.

Aus diesen Wagenrennen hat sich im Laufe der Zeit das Trabrennen entwickelt. An der Spannung, ein solches Rennen zu verfolgen, hat sich also bis heute nichts geändert. Nur so gefährlich wie bei den Römern sind die heutigen Trabrennen natürlich nicht.

Egal, zu welchem Zweck es eingesetzt wurde, das Rad begeisterte die Menschen. Manche so sehr, dass sie es sogar als **heilig** verehrten.

T h e m a **Das Rad wird heilig**

*D*as Rad war eine so tolle Erfindung, dass es von vielen Völkern als heilig verehrt wurde. Im Kaukasus wurden Menschen zusammen mit Rädern oder ganzen Wagen beerdigt, um auch im Jenseits fahren zu können. In Indien und Ägypten wurden Tonmodelle von Karren und sogar Spielzeuge mit Rädern gebaut. Damit sollte das Rad geehrt werden. Auch die Maya in Südamerika, die keine Wagen bauten, haben das Rad in ihren Tempeln verehrt. Für sie stellte es die Zeit dar. Ihr Kalender hatte daher die Form eines Rades.

Die Nadel **zeigt** nach Süden

Kompass, Seekarte und Astrolabium weisen neue Wege

Um 1000 in China

„Kapitän, ich möchte Euch etwas zeigen. Es ist ein Geschenk meines Bruders."

„Ein schwimmender Holzpfeil in einem Tonkrug? Ein wahrlich sonderbares Geschenk!"

„Ihr werdet den Wert anders beurteilen, wenn Ihr den Holzpfeil auf dem Wasser ein wenig dreht."

„Er kehrt wie von Zauberhand in seine alte Lage zurück! Fürwahr, ein außergewöhnliches Geschenk."

„In dem Holzpfeil steckt der Splitter eines seltenen Erzes, das die Eigenschaft hat, den Himmel und seine Richtungen zu kennen. Der Pfeil zeigt unablässig nach Süden und weist den Weg sogar bei völliger Dunkelheit und wolkenverhangenem Himmel."

„Ich gebe sofort Befehl zum Auslaufen. Lass uns dem Südweiser folgen! Wenn er hält, was du mir berichtest, dann hat es für uns Seefahrer nie einen besseren Wegweiser gegeben."

Chinesische Seefahrer setzen erstmals einen Kompass ein.

Vor etwa 2000 Jahren macht ein römischer Hirte eine erstaunliche Entdeckung. Die eiserne Spitze seines Hirtenstabes bleibt an einem schwarzen Stein haften, als er mit ihr den Boden berührt. Den Jungen packt die Angst, und er läuft nach Hause. Den sonderbaren, seltenen und sehr harten Stein kennen auch die Griechen, die ihn lithos magnetes nennen, „Stein aus Magnesia". Sie entdecken auch, dass der Stein sich nach Norden beziehungsweise Süden ausrichten kann. Doch sie kommen noch nicht auf die Idee, den außergewöhnlichen Stein, dem immer wieder Zauberkräfte nachgesagt werden, als Hilfe zu nutzen, um sich im Gelände zurechtzufinden.

Sichere Navigation auf hoher See

Erst um das Jahr 1000 entdecken findige Seefahrer zunächst in China, dann in Europa den besonderen Wert des **Magnetsteins** für die Navigation. Bislang orientierten sie sich auf hoher See an den Sternen, die auch die Himmelsrichtung anzeigen. So steht der unbeweglich erscheinende Polarstern immer im Norden. Auch der Stand der Sonne, Meeresströmungen, Wassertiefen, Landmarken, Farbe und Geschmack des Wassers und der Flug der Vögel geben den Seeleuten wichtige Hinweise für ihre Kursbestimmung. Doch mit dem Magnetstein können sie nun auch bei bewölktem Himmel oder in der Dunkelheit den richtigen Kurs halten. Sie schlagen Splitter von dem Kristall ab und stecken sie in ausgehöhlte Holzstücke oder Korken, die in einer Wasserschale schwimmen. Diese

Vögel erkennen das Magnetfeld der Erde und orientieren sich danach.

Kompass an Bord eines
heutigen Segelschiffs

So könnte Leif Eriksson
ausgesehen haben.

Art Kompass wird daher auch „nasser Kompass" genannt. Im Gegensatz dazu schwebt beim späteren „trockenen Kompass" die Magnetnadel auf einem Stift. Hundert Jahre später erhält der Kompass die Windrose, auf der die Himmelsrichtungen eingezeichnet sind.

Eine Art Windrose hat auch der Kompass der Wikinger, der keine Magnetnadel besitzt, sondern wie eine Sonnenuhr funktioniert. Ein Stab, der einen Schatten auf die Windrose wirft, zeigt die Himmelsrichtung an. Mithilfe dieses Kompasses gelingt es Leif Eriksson (970–1020) um das Jahr 1000, mit 35 Mann nach Nordamerika zu segeln. Später legen die Wikinger in Vinland, wie sie die neue Küste nennen, sogar Siedlungen an. Nach einigen Jahren werden sie jedoch von den Indianern vertrieben.

Astrolabien und Seekarten

Eratosthenes von Kyrene (284–202 v. Chr.), ein griechischer Forscher, wird 236 v. Chr. Leiter der berühmten Bibliothek von Alexandria. Eratosthenes befasst sich vor allem mit der Astronomie, der Wissenschaft vom Himmel und den Sternen. Er zeichnet eine Karte mit 275 Sternen und entwickelt ein Modell des Himmels, die **Armillarsphäre**. Mit diesem Gerät kann er den Winkel messen, in dem ein Himmelskörper über dem Horizont steht. Ein Seefahrer, der Datum und Uhrzeit kennt, kann daraus seinen Standort berechnen. Aus diesem großen Messgerät entsteht im Laufe der Zeit ein kleineres, handlicheres, das Astrolabium. Auch mit diesem Gerät, das aus einer Scheibe mit drehbaren Zeigern besteht, wird der Winkel der Sonne und anderer Gestirne am Himmel gemessen.

Wissen *spezial*

Mit der Armillarsphäre navigieren

Bei der Armillarsphäre bilden drehbare Ringe eine Art Kugel, in deren Mitte sich die Erde befindet. Mithilfe der Ringe stellt der Beobachter die Sonne und Gestirne so ein, wie er sie am Himmel sieht, und kennt so seine Position.

Seekarte aus dem 16. Jahrhundert

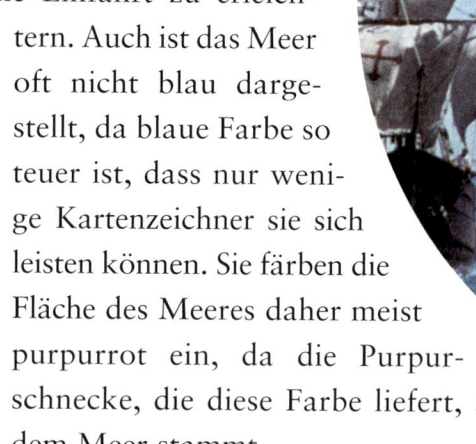

Ein Astrolabium, wie es in der frühen Seefahrt verwendet wurde

Hat man den Winkel ermittelt, kann man die eigene Position errechnen. Mit dem Astrolabium, dem Kompass und immer besser werdenden Seekarten können die Seefahrer am Ende des Mittelalters immer weitere Fahrten riskieren. Bis dahin entfernen sie sich nur selten vom Festland, das sie gerne in Sichtweite haben. Daher zeigen auch die meisten Seekarten dieser Zeit nur die Küste und die bekannten Hafenstädte. Oft werden die Häfen und Ankerbuchten vergrößert dargestellt, um den Kapitänen die Einfahrt zu erleichtern. Auch ist das Meer oft nicht blau dargestellt, da blaue Farbe so teuer ist, dass nur wenige Kartenzeichner sie sich leisten können. Sie färben die Fläche des Meeres daher meist purpurrot ein, da die Purpurschnecke, die diese Farbe liefert, aus dem Meer stammt.

Christoph Kolumbus bei der Navigation

Die Entdeckung Amerikas

Trotz zuverlässiger Geräte und Karten wagt es jedoch im Mittelalter kaum jemand, über die offene See nach Westen zu segeln. Nur die Wikinger hatten schon um 1000 den Mut, den Atlantik zu überqueren. Ein besonders mutiger Seefahrer ist jedoch auch Christoph Kolumbus (1451–1506).

Er will unbedingt den Seeweg nach Indien finden, um kostengünstig mit Gewürzen handeln zu können. Mithilfe von Kompass, Astrolabium und **Jakobsstab**, einem weiteren Winkelmessgerät, gelingt ihm 1492 dann auch das scheinbar Unmögliche. Doch das Land, das er entdeckt, ist nicht Indien, sondern Mittelamerika. So sorgt Kolumbus nach seiner Rückkehr für einige Verwirrung. Erst als der Italiener Amerigo Vespucci (1451–1512) im Jahr 1499 ebenfalls den Atlantik überquert und die Küste von Südamerika erforscht, wird die Sensation perfekt. Vespucci behauptet nämlich nach seiner Rückkehr, Kolumbus sei gar nicht in Indien gewesen, sondern habe einen unbekannten, riesigen Erdteil entdeckt. Als Beweis gibt Vespucci Positionsmessungen an, die er mit einem Astrolabium gemacht hat. Daraufhin zeichnet der deutsche Kartograf Martin Waldseemüller (1470–1522) eine Weltkarte, die sich auf die unglaublich klingenden Angaben des Italieners stützt. Ihm zu Ehren nennt er den neuen Kontinent schließlich auch „Amerika".

Wissen *spezial*

Wie funktioniert ein Jakobsstab?

Auf einem etwa 80 Zentimeter langen Stab mit Skala lassen sich ein oder mehrere Querhölzer hin- und herschieben. Mit bloßem Auge wird die Sonne oder ein Stern angepeilt, der Winkel über dem Horizont eingestellt und so bestimmt.

Das Ruderhaus der Amerigo Vespucci

Ein großes Wagnis – die erste Weltumsegelung

Während Waldseemüllers Karte nur einen schmalen Küstenstreifen zeigt, gibt die noch immer rätselhafte Karte des Türken **Piri Reis** sogar Küstenbereiche wieder, die eigentlich noch unbekannt sind. Woher Reis seine Informationen hat, ist bis heute nicht genau bekannt. Das gilt auch für den Portugiesen Ferdinand Magellan (1480–1521), der auf geheime Seekarten stößt, die von einer Durchfahrt berichten, die zu einem Ozean westlich von Südamerika führt. Mit fünf Schiffen und 234 Mann bricht der Wagemutige 1519 nach Westen auf. Nur ein Schiff mit 16 Seeleuten an Bord kehrt jedoch nach der Durchquerung des Pazifischen Ozeans und der Umrundung des Kaps der Guten Hoffnung an der Südspitze Afrikas 1522 aus östlicher Richtung wieder nach Spanien

Windrose eines Kompasses mit genauen Gradeinteilungen

Thema **Die geheimnisvolle Karte des Piri Reis**

Piri Reis (etwa 1470–1555) war Admiral im Osmanischen Reich und Kartograf. 1513 zeichnete er eine der rätselhaftesten Karten der Welt, denn sie zeigt neben den Küsten Europas und Teilen Afrikas auch die Küsten Südamerikas. Diese aber waren 1513 noch gar nicht so genau bekannt. Woher hatte Piri Reis die Informationen über Südamerika? Vermutlich von längst verschollenen Karten unbekannter portugiesischer Seefahrer, die vor Kolumbus Südamerika erreicht haben mussten.

Navigationssatelliten lösen Sextant und Kompass ab.

zurück. Auch Magellan stirbt während dieser ersten Weltumsegelung. Dafür ist aber endgültig bewiesen, dass die Erde die Gestalt einer Kugel und nicht einer Scheibe hat, an deren Rand man herunterfallen kann. Andere Entdecker und Kartografen setzen das Puzzlespiel fort. Bis 1730, also bis zur Erfindung des **Sextanten**, sind sie dabei auf Astrolabium und Jakobsstab angewiesen, um die Lage eines Ortes oder Schiffes genau festzustellen. Eine völlig neue Technik zur Ortsbestimmung wird erst 1995 entwickelt: Beim Satellitennavigationssystem GPS wird die Position eines Schiffes vom Weltraum aus ermittelt und zu einem besonderen Empfänger an Bord gefunkt.

Wissen *spezial*

Winkelmessung mit dem Sextanten

Mit einem Fernrohr des Sextanten werden zwei Sterne oder ein Stern und der Horizont anvisiert und in zwei Spiegeln abgebildet. Bringt man die gespiegelten Bilder zur Deckung, lässt sich der Winkel zwischen beiden ablesen und so der Standort bestimmen.

Der Schatz des Arabers

Durchblick mit Lesestein, Brille & Co.

1240 in Polen

„Schon wieder bittet mich Bruder Ladislaus, ihm aus der Bibel vorzulesen. Ich habe ja Verständnis für ihn, **hat er doch kaum noch Sehkraft** in seinem Alter. Andererseits kann meine Arbeit in der Bibliothek nicht länger warten. Was mache ich nur? Da fällt mir etwas ein! Ich habe doch vor einigen Wochen dieses **fantastische Buch des arabischen Gelehrten Alhazen** übersetzt, „Schatz der Optik". Darin beschreibt er, **dass Halbkugeln aus Kristall** Gegenstände vergrößert erscheinen lassen. Das ist die Lösung! Ich werde gleich morgen einen Handwerker suchen, der Kristalle schleifen kann. **Dank einer solchen Halbkugel werden unsere** älteren Mönche die Heilige Schrift und andere Werke **wieder selbst lesen können.** Und ich kann mich wieder ungestört an die Arbeit in der Bibliothek machen."

Der Mönch Erazm Golek Vitello (1220–1280) lässt den ersten Lesestein herstellen.

 Mitte des 13. Jahrhunderts sorgt ein außerge-
wöhnliches Buch des arabischen Gelehrten
Alhazen für großes Aufsehen in vielen Klöstern
Europas. Es heißt „Schatz der Optik". Der Titel hält, was
er verspricht. Alhazen verrät ein Mittel, wie alterssichtige
Menschen wieder scharf sehen können. Einige Mönche
vertrauen dem Buch und lassen aus Bergkristallen Halbkugeln schleifen, die sie Lesesteine nennen. Diesen Stein
legt man auf eine Buchseite und kann die Buchstaben nun
deutlich vergrößert lesen. Die Wirkung ist verblüffend.
Wie ein Lauffeuer verbreitet sich die Nachricht von der
Erfindung des Lesesteins unter den Gebildeten in Europa.

Bergkristalle: durchsich-
tig und leicht zu schlei-
fen

Vom Lesestein zur Brille

So hilfreich der Lesestein auch ist, er
hat doch große Nachteile. Er ist sehr
schwer und zerspringt leicht, wenn
man ihn unvorsichtig behandelt. Einige Mönche lassen daher kleinere Steine
schleifen, die jedoch nicht so gut vergrößern. Ein italienischer Mönch hat
Ende des 13. Jahrhunderts eine bessere
Idee. Er legt den Lesestein nicht auf die
Buchseite, sondern hält ihn zwischen
Buchseite und seine Augen. Plötzlich

kann er die ganze Seite vergrößert und scharf sehen. Der
Stein kann sogar noch viel kleiner sein, um diese tolle Wirkung zu erzielen. Hält man ihn direkt vor das Auge, reicht
ein Kristall von der Größe einer Münze aus. Warum die
Kristalle allerdings diese Wirkung haben, können sich die
Forscher erst viel später erklären. Erst im 17. Jahrhundert
setzt sich die Lehre durch, dass unsere Augen nicht mithil-

Eine Glaskugel vergrö-
ßert die Schrift wie ein
Brillenglas.

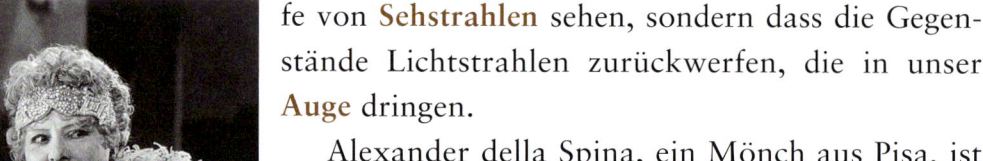

Im Laufe der Zeit wurden Brillen zu einem wichtigen Modeartikel.

fe von **Sehstrahlen** sehen, sondern dass die Gegenstände Lichtstrahlen zurückwerfen, die in unser **Auge** dringen.

Alexander della Spina, ein Mönch aus Pisa, ist mit den kleinen Kristallen noch immer unzufrieden. Er wünscht sich einen Kristall für jedes Auge. Doch man würde beide Hände benötigen, um sie zu halten. Also fasst er zwei Linsen aus Kristall in ein zierliches Gestell aus Eisen. Dieses Gestell hat mit dem klobigen Lesestein kaum noch etwas zu tun. Und es braucht natürlich einen Namen. Da die meisten der neuen Lesehilfen Linsen aus **Beryll** haben, wird es „Berylle" und später „Brille" genannt.

Nach und nach entstehen in den Werkstätten von Mönchen und Schleifern die unterschiedlichsten Brillenmodelle. Einige werden als Kneifer auf die Nase gesteckt, andere mit einem Faden, der einmal um den Kopf geschlungen wird, festgebunden. Erst 500 Jahre später kommen Brillenmacher auf die Idee, die Brille mit Bügeln zu versehen, die die Ohren als Halt benutzen. Fast so lange dauert es auch, bis sich jeder Mensch eine Brille leisten kann. Lange Zeit ist dies nur Mönchen, Wissenschaftlern und reichen Bürgern möglich.

Wissen *spezial*

Wie sieht das Auge?

Lichtquellen wie die Sonne oder eine Lampe senden Lichtstrahlen aus. Diese werden von den beleuchteten Gegenständen zurückgeworfen und gelangen ins Auge. Die Netzhaut nimmt die Lichtreize auf, der Sehnerv leitet sie an das Gehirn weiter.

Galileis gefährliche Entdeckung

Ein bekannter Brillenmacher ist Hans Lipperhey (1570–1619) aus Wesel. Er wandert in die Niederlande aus, weil er sich dort bessere Geschäfte verspricht. Leidenschaftlich experimentiert er mit selbst geschliffenen Linsen aus Glas, um seine Brillen zu verbessern. Dabei kommt er 1608 auf die Idee, durch zwei Linsen, die er hintereinander anbringt, gleichzeitig zu schauen. Lipperhey ist überwältigt. Plötzlich kann er weit entfernte Bäume und Häuser so sehen, als seien sie zum Greifen nah. Er befestigt die Linsen in einem Rohr und nennt es „Teleskop". Diese Weiterentwicklung der Brille bietet Lipperhey reichen Bürgern und Offizieren an. Bald darauf schon werden in Paris seine ersten Teleskope erfolgreich verkauft.

Wissen *spezial*

Was ist ein Beryll?
Ein Beryll ist ein häufig vorkommender Edelstein. Er kann farblos, grün, blau, rot und weiß sein. Wird er geschliffen, ist er durchsichtig wie Glas. Mit den Werkzeugen des Mittelalters war er leicht zu bearbeiten.

Thema Sehstrahlen ertasten die Welt

Griechische Gelehrte haben vor rund 2500 Jahren versucht, das Rätsel des Sehens zu lösen. Die Mathematiker Pythagoras und Euklid glaubten, die Lösung gefunden zu haben. Ihrer Ansicht nach sendet das Auge heiße Sehstrahlen aus, die von kalten Gegenständen zurückgeworfen werden.

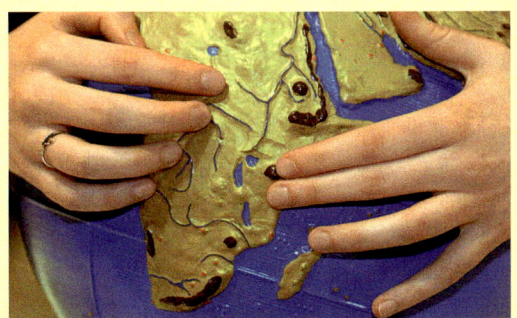

Hipparch, ein ebenfalls bekannter Gelehrter, verglich diese Sehstrahlen mit Händen, die einen Gegenstand abtasten. Da die Kraft dieser Sehstrahlen im Alter nachlässt, verschlechtert sich auch die Sehschärfe mit der Zeit.

Woher kommt der Name „Teleskop"?

„Teleskop" ist ein griechisches Wort und bedeutet „in die Ferne schauen". Bis heute ist das Teleskop das wichtigste Instrument, um Sterne zu beobachten. Mit dem Hubble-Weltraumteleskop, das um die Erde kreist, erkunden Forscher ferne Sternensysteme.

Ein Jahr später erfährt der italienische Astronom Galileo Galilei (1564–1642) von dieser Erfindung. Da er keines der **Teleskope** erwerben kann, baut er das Fernrohr ganz einfach nach. Zunächst benutzt er Linsen von Brillenmachern, später schleift er sich eigene Linsen. Ihn interessieren jedoch nicht Bäume und Häuser. Als erster Mensch richtet er ein Fernrohr auf den Mond, die Planeten und die Sterne. Galilei ist begeistert, denn er sieht nun mit eigenen Augen, was er und einige seiner Kollegen schon lange vermuten: Nicht die Sonne kreist um die Erde, sondern die Erde und die anderen Planeten um die Sonne. Er entdeckt vier Monde, die den Jupiter umkreisen. Die Milchstraße ist kein helles Band, sondern besteht aus unzähligen einzelnen Sternen.

Doch als Galilei von diesen Entdeckungen berichtet, wird er vom Papst unter Hausarrest gestellt. Er verbietet ihm, über seine Beobachtungen zu schreiben, da sie der Bibel widersprechen. Doch auch andere Forscher erkennen, dass sich die Erde um die Sonne dreht. Es dauert dennoch etwa 200 Jahre, bis sich die neue Sicht auf das Sonnensystem durchsetzt.

Der Planet Jupiter mit dem Jupitermond Ganymed

Mit dem Mikroskop eine neue Welt erforschen

Als Galileo Galilei ein neues Fernrohr baut, kommt ihm eine Idee. Wenn Linsen Planeten vergrößern, müssten sie doch auch ganz kleine Dinge wie ein Staubkorn größer erscheinen lassen. Sofort macht er sich an die Arbeit und passt zwei Linsen so in ein Gestell ein, dass ein **Mikroskop** entsteht. Galilei nennt es „Occhiolino", kleines Auge. Viel ist jedoch mit diesem Gerät nicht zu erkennen. Er ist auch nicht der Einzige, der auf diese Idee gekommen ist. Denn in den Niederlanden experimentieren gleich mehrere Brillenmacher und Linsenschleifer mit einfachen Mikroskopen. Am erfolgreichsten ist Antoni van Leeuwenhoek (1632–1723) aus Delft. Ihm gelingt es, besonders genaue Linsen zu schleifen, mit denen 270-fache Vergrößerungen möglich sind. Er befestigt sie an einem Messinggestell, an dem sich auch eine Nadel befindet. Auf diese Nadel setzt er vorsichtig einen Tropfen Speichel. Als er sein Mikroskop gegen das Licht hält, entdeckt er eine Welt, die noch kein Mensch zuvor gesehen hat: Zahllose unbekannte, kleine Lebewesen schwimmen durch den Tropfen. Van Leeuwenhoek nennt sie Bazillen. Auch auf

Ein von Antoni van Leeuwenhoek gebautes Mikroskop

Wissen spezial

Wie funktioniert ein Mikroskop?

Das griechische Wort „Mikroskop" bedeutet „etwas Kleines betrachten". In einem Mikroskop werden die Lichtstrahlen, die ein Gegenstand zurückwirft, wie ein Fächer auseinandergezogen. Dadurch erscheint der Gegenstand größer.

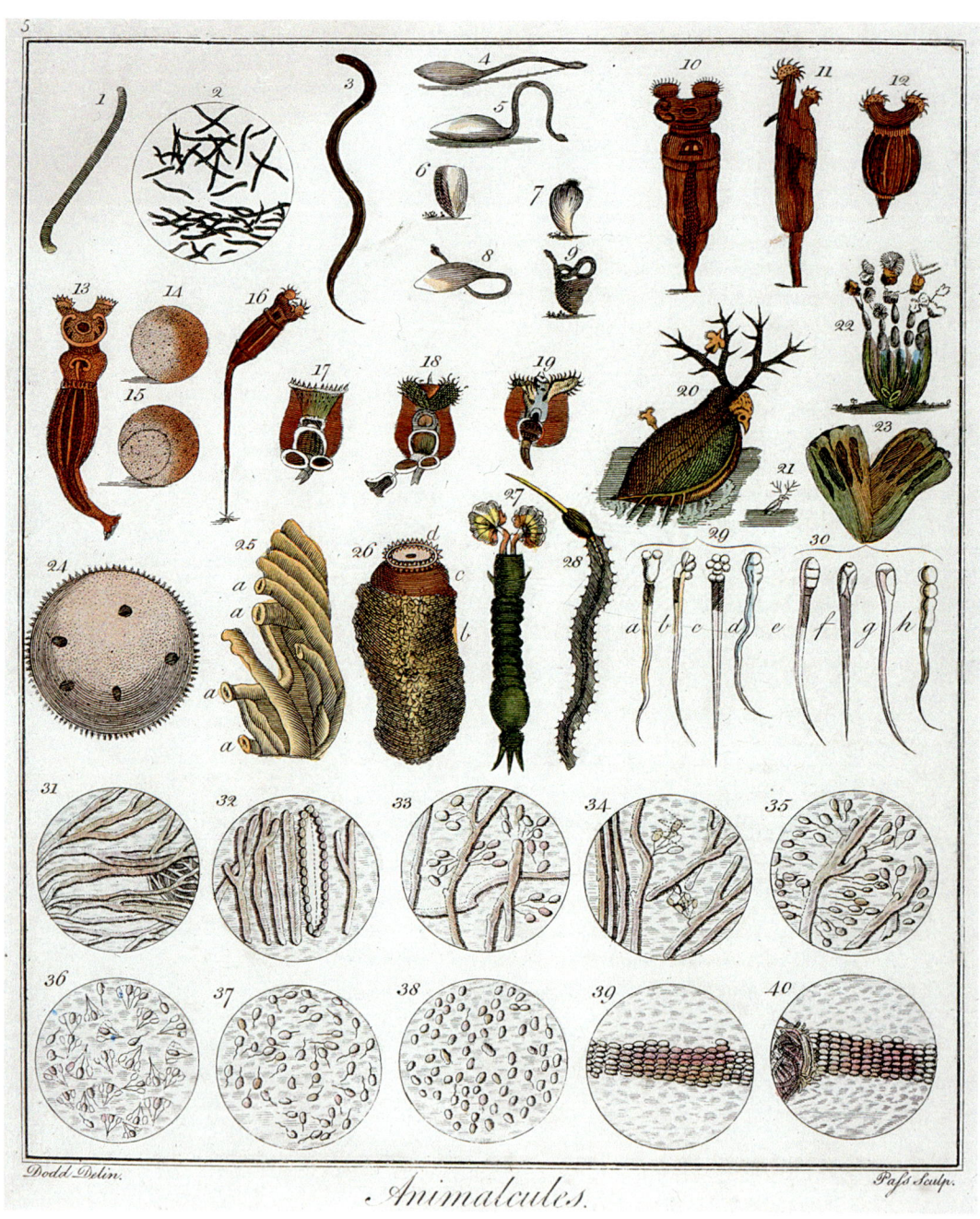

Antoni van Leeuwenhoek
entdeckte und zeichnete eine
neue, unbekannte Welt.

seinem Zahnbelag und selbst im Wasser von Pfützen kann er sie mit dem Mikroskop aufspüren.

Wie Galilei ist er begeistert von dem, was er gesehen hat, und schreibt sofort Briefe an wissenschaftliche Gesellschaften. Doch die Forscher lachen ihn aus. Sie können nicht glauben, was er berichtet. Van Leeuwenhoek lädt sie daraufhin nach Delft ein. Erst als einige der bedeutendsten Forscher Europas selbst durch das Mikroskop schauen, sind sie überzeugt. Selbst die englische Königin und der Zar von Russland reisen an, um die Bazillen zu sehen. Van Leeuwenhoek macht noch viele Entdeckungen, darunter auch die der Blutkörperchen. Innerhalb weniger Jahre wird er ein berühmter Mann. Seine Kunst jedoch, sehr genaue Linsen zu schleifen, behält er für sich. Erst 160 Jahre nach seinem Tod können wieder Mikroskope gebaut werden, die so gut sind wie die seinen.

Antoni van Leeuwenhoek wurde dank seiner Mikroskope zu einem bekannten und wohlhabenden Mann.

Die Herstellung dieser Mikroskope stützt sich vor allem auf die Erfahrung der Linsenschleifer. Mit dem deutschen Mechaniker Carl Zeiß (1816–1888) erlebt das Mikroskop nochmals eine entscheidende Verbesserung. Er bittet den jungen Physiker Ernst Abbe (1840–1905), die Form der Linsen und die Vergrößerung genau zu berechnen, die sich mit ihnen erzielen lässt. Außerdem entwickelt Zeiß ein neuartiges Stativ und einen drehbaren Spiegel, der für eine gute Beleuchtung beim Arbeiten mit dem Mikroskop sorgt. Als diese neuen Geräte 1872 auf den Markt kommen, sind sie für lange Zeit die besten der Welt.

Am Anfang **war die Bibel**

Die Verbreitung des Wissens durch den Buchdruck

1452 in Mainz

„Die Farbe ist aufgetragen, das Pergament vorbereitet. Wir können den Druck nun wagen."

„Was glaubt Ihr, Meister, wird das neue Werk gelingen?"

„Es muss! Diese Bibel soll der Beweis sein, dass meinen Lettern die Zukunft gehört. Ich habe alles auf dieses Werk gesetzt. Hilf er mir nun! Aber vorsichtig, es steht viel auf dem Spiel. Ich kann es kaum erwarten. Schweiß klebt an meinen Händen."

„Seht nur, Meister, die erste Seite ist gedruckt!"

„Wie ich es gehofft hatte. In allerbester Qualität. Ein Stein fällt mir vom Herzen."

„Soll ich einen weiteren Bogen einlegen?"

„Tu er das. Wenn auch das Hanfpapier die Farbe so gut annimmt, hat sich die viele Mühe gelohnt."

„Meister, es wird bestimmt die schönste Bibel aller Zeiten!"

Johannes Gutenberg und sein Gehilfe drucken das erste Exemplar der Gutenberg-Bibel.

Der begabte Goldschmied Johannes Gutenberg (um 1400–1468) aus Mainz zieht nach seiner Lehrzeit nach Straßburg. Dort arbeitet er als Schreiber und stößt eines Tages in einer Bibliothek auf etwas Neues und Außergewöhnliches: gedruckte Bücher. Hergestellt werden sie mithilfe von Holzschnitten, die wie Stempel funktionieren. Gutenberg ist begeistert von diesen Büchern, die ganz anders aussehen als die von Hand kopierten. Der unsaubere Druck jedoch gefällt ihm gar nicht. Außerdem können die Blätter nur einseitig bedruckt werden, da sich beim Druck auf das angefeuchtete Papier die Vorderseite auf der unbedruckten Rückseite abzeichnet. Darüber hinaus ist es sehr mühsam,

die **Holzschnitte** herzustellen. Und man kann mit ihnen nur wenige Bücher anfertigen, bevor sie abnutzen und unbrauchbar werden. Diese Technik müsste sich doch verbessern lassen!

Gutenberg-Denkmal in Mainz

Bewegliche Lettern

Da Gutenberg sich mit Metallen und der Gießerei sehr gut auskennt, experimentiert er mit Legierungen, also Mischungen verschiedener Metalle. Schließlich findet er eine Bleilegierung, die leicht zu gießen ist und an der die Druckerfarbe gut haftet. Der Druck soll gleichmäßig sein. Bücher sollen einfach und in großen Stückzahlen zu drucken sein. Keine leichte Aufgabe. Doch Gutenberg findet die

Ein Setzkasten mit
verschiedenen Lettern

Was sind Lettern?

Lettern sind Metallstempel
zum Drucken von Klein-
und Großbuchstaben oder
Satzzeichen. Diese ragen
seitenverkehrt aus dem
viereckigen Metallblock
heraus. Lettern lassen sich
zu Wörtern und gleich
langen Zeilen zusammen-
fügen, dem Blocksatz.

Lösung. Statt Druckplatten für ganze Seiten herzustellen, erfindet er eine handliche Gießform, mit der
einzelne **Lettern** gegossen werden können. Aus den
Lettern setzt er dann in einem Rahmen die Seite
zusammen, die er drucken will. Diese Lettern sind
sehr haltbar, daher kann er sie immer wieder verwenden. Sind sie irgendwann abgenutzt, schmilzt er
sie ein und gießt sie neu. Jetzt muss Gutenberg nur
noch für einen gleichmäßigen Druck sorgen. Kur-
zerhand baut er eine Weinpresse zu einer Druckerpresse um, die Ähnlichkeit mit einem riesigen Stempel hat. Mit ihr ist es nun auch möglich, beide Seiten eines Blattes zu bedrucken.

In seiner Heimatstadt Mainz richtet sich Gutenberg um
1450 eine Druckerwerkstatt ein und stellt mit seiner neu-

en Technik die ersten Drucke her. Zwei Jahre später hat er so viel Erfahrung gesammelt, dass er ein großes Buch drucken will: die Bibel. Gleich zwanzig Mitarbeiter benötigt er, um diese Aufgabe zu bewältigen. Sie helfen ihm, die Lettern zu gießen und die Seiten zu setzen. Zwischen 1452 und 1454 schaffen es Gutenberg und seine Drucker, 180 Bibeln herzustellen. Die meisten werden auf Hanfpapier gedruckt, etwa 30 auf **Pergament**. Die große Anstrengung lohnt sich. Für die Bibeln werden hohe Preise gezahlt. Ganz Europa bewundert Gutenbergs Erfindung. Nun ist das mühevolle und zeitraubende **Abschreiben** der Bücher von Hand nicht mehr länger nötig. Schon bald druckt ein Drucker an einem Tag mehr, als ein Schreiber in einem Jahr mit seiner Feder schreiben konnte.

Wissen *spezial*

Was ist Pergament?
Pergament wird aus ungegerbter, getrockneter Tierhaut hergestellt. Anders als Leder bleibt es biegsam. Es ist haltbar, kann beidseitig beschrieben und wieder verwendet werden, wenn die Schrift ausradiert wurde. Benannt wurde es nach der Stadt Pergamon in der Türkei.

Thema   Abschreiben statt Drucken

*I*m Mittelalter konnten nur Könige, Adlige, Mönche und einige Gelehrte lesen und schreiben. Die Bücher für diese wenigen Leser wurden meist in Klöstern hergestellt. Da es noch keinen Buchdruck gab, schrieben eigens ausgebildete Mönche in einem besonderen Raum, dem Skriptorium, diese Bücher von Hand ab. Jede Abschrift, die ein Skriptor anfertigte, war ein Einzelstück von großem Wert. Oft wurden die Seiten mit aufwendigen Malereien, den sogenannten Miniaturen, verziert. Nur Klosterbibliotheken und Reiche konnten sich diese Bücher leisten.

Eines der 49 heute noch erhaltenen Exemplare der Gutenberg-Bibel

Ein Nachbau der Druckerpresse von Johannes Gutenberg

Der Siegeszug des Buches

Da Johannes Gutenberg kein Geheimnis aus seiner Erfindung macht, werden schnell in vielen deutschen Städten Druckereien gegründet. Um 1500 gibt es bereits in sechzig Städten schon rund 300 Druckwerkstätten. Die Drucker sind fleißig, denn Bücher sind ein großes Geschäft. Zwischen 1455 und 1500 drucken sie etwa 30.000 verschiedene Bücher. Auch Anton Koberger (1445–1513) setzt auf das Buch und gründet in Nürnberg die größte Druckerei Deutschlands mit 100 Mitarbeitern und 24 Druckerpressen, die rund um die Uhr arbeiten. Bald gibt es in fast allen Ländern Europas Druckereien.

Der Grund für den schnellen Erfolg der neuen Technik ist ganz einfach. Gedruckte Bücher sind viel billiger als von Hand abgeschriebene. Auch wohlhabende Kaufleute und Handwerker leisten sich nun Bücher. Allerdings können die meisten von ihnen nicht lesen. Meistens hat nur ein Mitglied einer Familie eine Schule besucht. Ihm kommt nun die Aufgabe zu, aus den Büchern vorzulesen. Oft hören auch noch Freunde und Nachbarn zu und bilden eine große Runde. Das ist natürlich nur möglich, wenn das Buch auf Deutsch ist. Im 15. Jahrhundert ist dies noch eine Seltenheit. Die meisten Bücher sind in Lateinisch verfasst. Aber schon im 16. Jahrhundert erscheinen bereits drei Viertel aller Bücher in deutscher Sprache. Latein als Sprache der Gebildeten und Geistlichen hat ausgedient. Das erkennt auch Martin Luther (1483–1546), der im Jahr 1521 die Bibel ins Deutsche übersetzt, damit sie nun jeder lesen kann.

Ein Papierschöpfer bei der Arbeit

Aus alten Lumpen wird Papier

Wer viele Bücher drucken will, braucht viel **Papier**. Zwar wurde die Papierherstellung schon vor Christi Geburt in China erfunden, doch dauerte es rund 1200 Jahre, bis diese Technik auch in Europa bekannt wurde. Bis dahin schrieb man auf teurem Pergament. Die erste deutsche Papiermühle wird 1389 in Nürnberg gegründet. Papier stellt man dort aus Hanf und vor allem aus Lumpen her. Denn die meisten Stoffe bestehen zu dieser Zeit aus Leinen, also Pflanzenfasern, die sich am besten für die Papierherstellung eignen. Lumpen sind damit sehr begehrt und der Lumpensammler wird zu einem richtigen Beruf.

Papierherstellung damals

Im 15. Jahrhundert treiben Wassermühlen große Stampfer an, die Lumpen in einem Wasserbad zerkleinern. Es entsteht ein Brei, der auf Siebe geschöpft wird. Während das Wasser abläuft, verbinden sich die trocknenden Fasern und bilden eine dünne Schicht Papier.

9. *Papiermühle Ullmann Stromers bei Nürnberg. Holzschnitt aus Schedels Chronik. Nürnberg 1493*

Lumpensammler lieferten den Papiermühlen Nachschub.

Inzwischen sind immer mehr Bürger von den neuen und preiswerten Büchern begeistert. Sie schicken ihre Kinder auf Schulen oder lassen sie von Privatlehrern zu Hause erziehen. Langsam sinkt so die Zahl der Analphabeten. Lesen und Schreiben ist nicht mehr länger ein Vorrecht von Mönchen und Gelehrten. Im 16. Jahrhundert werden die ersten Bücher geschrieben, die Menschen unterhalten sollen. Besonders bekannt wird das Buch über Till Eulenspiegel, das 1515 erscheint. In den großen Städten lachen die Menschen über die Streiche des klugen Narren.

Von der Flugschrift zur Zeitung

Doch woher erfahren die Menschen, dass es diese und andere Bücher überhaupt gibt? Aus Flugschriften zum Beispiel, die von vielen Druckereien verbreitet werden. 1605 schließlich kommt der Drucker Johann Carolus in Straßburg auf die Idee, regelmäßig einmal in der Woche eine neue Flugschrift herauszugeben. Sie gefällt den Bürgern so gut, dass andere Drucker diesem Beispiel folgen.

1650 erscheint in Leipzig erstmals eine Tageszeitung. Schneller als je zuvor verbreitet sich das Wissen. Die Bürger erfahren nicht mehr nur mündlich von Nachbarn, was in ihrer Stadt geschieht, sondern lesen von neu gebauten Häusern und Straßen, von Verbrechen und Hinrichtungen, von Unwettern oder sogar von Kriegen in anderen Ländern. Wer über die Welt informiert sein will, muss lesen können.

Dank Buchdruck wurde die Figur des Till Eulenspiegel sehr bekannt.

Daran führt nun kein Weg mehr vorbei. Aber die Menschen lesen auch spannende Geschichten, um sich zu unterhalten. Für Nachschub sorgen immer mehr Druckereien, die im 16. Jahrhundert im deutschsprachigen Gebiet mehr als 130.000 verschiedene Titel herausgeben. Bücher und Zeitungen gehören nun zum täglichen Leben.

Johann Carolus bittet den Rat der Stadt, seine Zeitung vor Nachahmern zu schützen.

Auf den Kübel kommt es an

James Watt, die Dampfkraft und was sie bewirkte

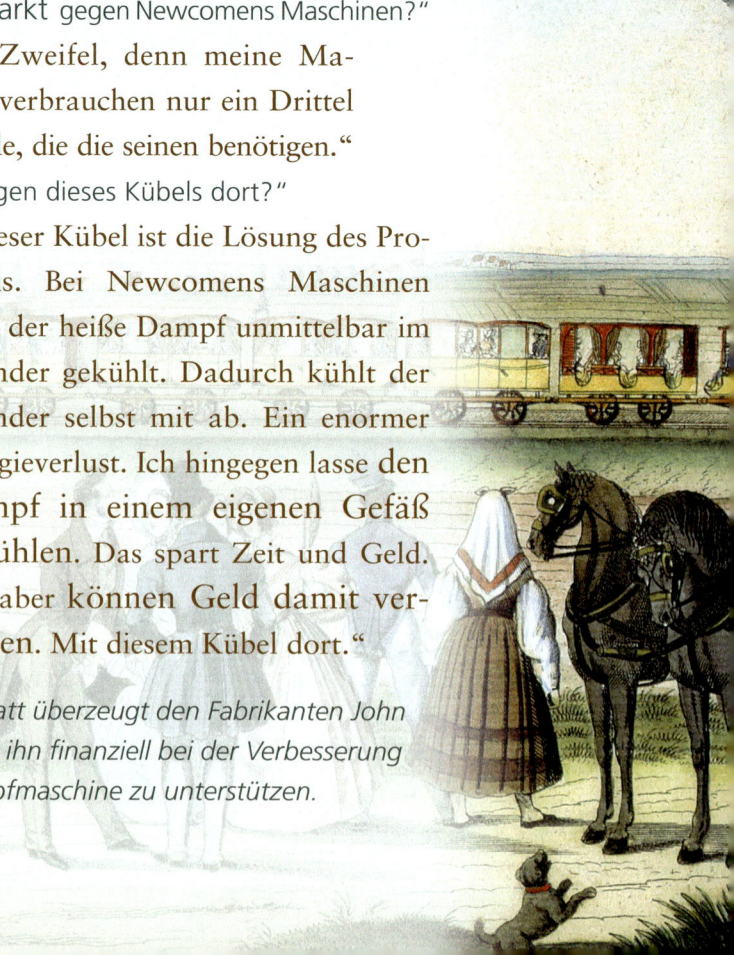

1768 in Schottland

„Sie sind davon überzeugt, dass Ihre Erfindung funktionieren wird?"

„Geben Sie mir das Geld, um eine Dampfmaschine nach meinen Plänen zu bauen, und Sie werden es sehen."

„Haben wir eine Chance auf dem Markt gegen Newcomens Maschinen?"

„Ohne Zweifel, denn meine Maschinen verbrauchen nur ein Drittel der Kohle, die die seinen benötigen."

„Wegen dieses Kübels dort?"

„Dieser Kübel ist die Lösung des Problems. Bei Newcomens Maschinen wird der heiße Dampf unmittelbar im Zylinder gekühlt. Dadurch kühlt der Zylinder selbst mit ab. Ein enormer Energieverlust. Ich hingegen lasse den Dampf in einem eigenen Gefäß abkühlen. Das spart Zeit und Geld. Wir aber können Geld damit verdienen. Mit diesem Kübel dort."

James Watt überzeugt den Fabrikanten John Roebuck, ihn finanziell bei der Verbesserung der Dampfmaschine zu unterstützen.

Leidenschaftlich gerne würde der Schotte James Watt (1736–1819) Naturwissenschaft studieren, doch seinen Eltern fehlt das Geld. Also fährt der wissbegierige Mann nach London und beginnt eine Lehre als Mechaniker. Aber die Ausbildung ist eine große Enttäuschung, denn Watt kennt vieles schon. Ohne Abschluss kehrt er nach Schottland zurück, um für die Universität von Glasgow als Mechaniker zu arbeiten. Kaum hat er seine Werkstatt eingerichtet, erfährt er von einem Problem: Die Universität hat eine Dampfmaschine gekauft, die jedoch nicht funktioniert. Niemand kann sie reparieren, nicht einmal eine Werkstatt in London. Aber James Watt traut es sich zu. Dabei hat er noch nie im Leben eine Dampfmaschine gesehen. In seiner Werkstatt zerlegt er sie in alle Einzelteile und baut sie wieder zusammen. Die Professoren staunen nicht schlecht, als der Mechaniker ihnen kurz darauf die einwandfrei funktionierende Maschine vorführt.

Der Kondensator macht den Unterschied

James Watt dagegen ist von der **Dampfmaschine**, die der Engländer Thomas Newcomen (1663–1729) 1712 erfunden hatte, weniger begeistert. Sie verbraucht viel Kohle und liefert nur wenig Energie. Besonders bei einem Arbeitsschritt geht sehr viel Wärme verloren: Nämlich, wenn der Dampf im Zylinder gekühlt wird. Denn dabei kühlt der Zylinder selbst ab. Danach dauert es einige Zeit, bis der nächste Dampfstoß den Zylinder wieder aufgeheizt und genügend Druck entwickelt hat, um den Kolben nach oben zu schieben. Wie aber

Wissen *spezial*

Die Dampfmaschine vor Watt

Über ein Ventil gelangt Dampf in einen aufrecht stehenden Zylinder und drückt einen Kolben nach oben. Dann wird der Zylinder mit Wasser gekühlt. Der Dampf verliert den Druck und der Luftdruck drückt den Kolben von oben wieder zurück in den Zylinder. Durch die Bewegung des Kolbens wird die Druckenergie des Dampfes in mechanische Energie umgewandelt.

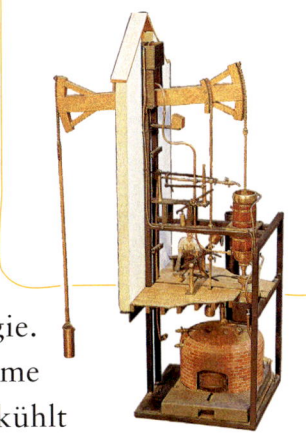

In seiner Küche experimentierte Watt mit aus Kesseln ausströmendem Dampf.

Kolbendampfmaschine von Thomas Newcomen, dem Vordenker Watts

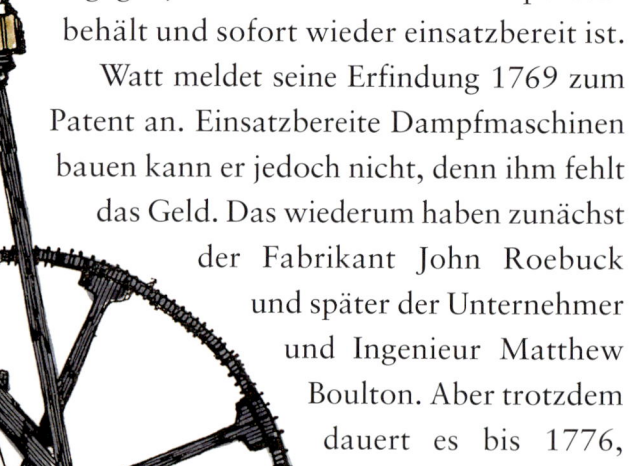

kann die Lösung für dieses Problem aussehen? Auf der Suche nach einer Antwort experimentiert James Watt mit Dampf. Bei einem langen Spaziergang hat er schließlich die passende Idee: Watt kühlt den Dampf nicht im Zylinder, sondern leitet ihn in ein besonderes Gefäß, den **Kondensator**, und kühlt ihn dort. Den Zylinder isoliert er dagegen, sodass dieser seine Temperatur behält und sofort wieder einsatzbereit ist.

Watt meldet seine Erfindung 1769 zum Patent an. Einsatzbereite Dampfmaschinen bauen kann er jedoch nicht, denn ihm fehlt das Geld. Das wiederum haben zunächst der Fabrikant John Roebuck und später der Unternehmer und Ingenieur Matthew Boulton. Aber trotzdem dauert es bis 1776, bevor die erste Watt'sche Dampfmaschine in einem Bergwerk aufgebaut werden kann. Im Gegensatz zu den alten Dampfmaschinen verbraucht sie nur ein Drittel der Kohle. Eine enorme Kostensenkung für die Bergwerke. Das weiß auch James Watt und verkauft seine Maschinen nicht, sondern verleiht sie. Als Miete verlangt er ein Drittel der eingesparten Energiekosten und kassiert auf lange Sicht viel mehr Geld, als er für einen Verkauf bekommen hätte.

Damit aber gibt sich der ehrgeizige James Watt nicht zufrieden. Er erfindet ein besonderes Getriebe, das die Auf- und Niederbewegung des Kolbens in eine Kreisbewegung umlenkt. Erst jetzt kann die Dampfmaschine wirklich mit den zahlreichen Mühlen mithalten, die

Wissen *spezial*

Was geschieht im Kondensator?
Der Dampf aus dem Zylinder der Dampfmaschine wird in den Kondensator geleitet, der mit kaltem Wasser gekühlt wird. Dabei wird der Wasserdampf flüssig, er kondensiert. Im Zylinder wird er wieder erhitzt.

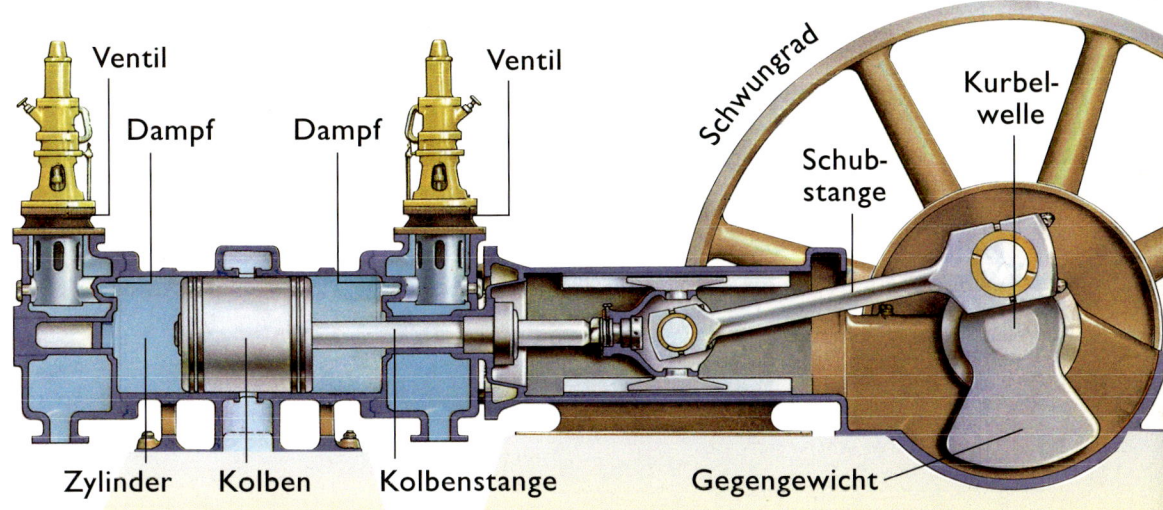

Eine moderne, von James Watt entwickelte Dampfmaschine

in großen Handwerksbetrieben, den Manufakturen, die Maschinen antreiben. Watts nächste geniale Idee ist eine Dampfmaschine, bei der der Kolben abwechselnd von beiden Seiten vom eingelassenen Dampf hin und her bewegt

Wissen spezial

Was ist eine Pferdestärke?
Eine Pferdestärke ist die Leistung, die ein Pferd erbringen muss, um eine 75 Kilogramm schwere Ladung mit einem Meter in der Sekunde in die Höhe zu ziehen. Viele Pferde schaffen viel mehr und leisten durchschnittlich etwa 3 PS.

wird. Diese Maschinen lassen sich überall aufstellen, sind kleiner als ihre Vorgänger und haben sehr viel Kraft. Aber wie viel genau? Wieder hat James Watt eine Idee und erfindet den Begriff „**Pferdestärke**", der jedem Kunden leicht zu erklären ist.

Bis zum Jahr 1800 kann Watt etwa 500 Maschinen ausliefern, die rund 30 PS leisten.

Mit Volldampf in das Industriezeitalter

Die Handwerksbetriebe brauchen die enorme Kraft der Dampfmaschine, um mehr Stoffe, Töpfe, Werkzeuge und andere Produkte anzufertigen. Die Dampfmaschinenbauer selbst brauchen wiederum viel Stahl, um ihre Geräte überhaupt herstellen zu können. Immer tiefer fressen sich deshalb die Bergwerke auf der Suche nach Erzen und Kohle in die Tiefe. Ein Hochofen nach dem anderen wird in Großbritannien errichtet, um aus Erz Stahl zu kochen. Dieser Stahl wird auch in den vielen neu

Dieser Handwerksbetrieb arbeitete bereits mit halbautomatischen Webstühlen.

gegründeten Fabriken benötigt, in denen nun massenhaft Maschinen, Möbel oder Kleidung hergestellt werden. Immer mehr Menschen ziehen vom Land in die wachsenden Städten, um in den Fabriken zu arbeiten. Oft werden sie schlecht bezahlt und leiden manchmal sogar Hunger. Ihre Arbeit ist in der **Fabrik** durch die Arbeitsteilung sehr eintönig geworden. In den Fabriken und Bergwerken arbeiten jedoch nicht nur Erwachsene, sondern auch sehr viele Kinder zwischen vier und vierzehn Jahren, und das 10 bis 16 Stunden täglich. Sie erhalten keine richtige Ausbildung, geschweige denn eine Schulbildung. Zugleich werden die Kinder noch schlechter bezahlt als die Erwachsenen und leiden häufig an Krankheiten. Denn die Arbeit ist körperlich oft sehr anstrengend. Erst als die Armeen kaum noch gesunde Jungsoldaten anwerben können, werden Gesetze gegen die Kinderarbeit erlassen.

Doch noch 1900 sind etwa ein Drittel aller Fabrikarbeiter Kinder unter zwölf Jahren. Viele Unternehmer werden in dieser Zeit reich und reicher. Die in den Fabriken hergestellten Waren sind dafür billig zu haben. Aus teuren Handwerkserzeugnissen werden preisgünstige Industrieprodukte. Diese Entwicklung schreitet in Großbritannien, später in Frankreich, Deutschland und anderen Ländern so schnell voran und bringt solch große Veränderungen für Technik, Wirtschaft und Gesellschaft mit sich, dass sie bald „industrielle Revolution" genannt wird.

Vor allem in Bergwerken mussten früher viele Kinder arbeiten.

Geschwindigkeit zu Wasser und zu Lande

Der Motor dieser Revolution ist die Dampfmaschine. Auf ihn setzen nicht nur Fabrikbesitzer, sondern auch Reeder. Schon Ende des 18. Jahrhunderts werden die ersten großen **Schiffe mit Dampf** angetrieben.

Ein anderes Ziel hat der britische Maschinenbauer Richard Trevithick (1771–1833). Er experimentiert mit verschiedenen Stahlarten und höheren Drücken, um die Dampfmaschine zu verkleinern. Mehr als einmal explodieren seine Kessel. 1801 sind seine Dampfmaschinen endlich so klein, dass sie in eine umgebaute Kutsche passen und diese als Dampfwagen antreiben. Sein Meisterstück liefert Trevithick jedoch 1804 ab. Statt eines Pferdegespanns zieht die erste Lokomotive der Welt zehn Wagen eines Bergwerks über die gusseisernen

„The Rocket", die berühmteste Lokomotive von George Stephenson, die 1829 das Eisenbahnrennen von Rainhill gewann

Thema   Die Teutonic dampft allen Schiffen davon

*E*nde des 19. Jahrhunderts überqueren bereits viele Dampfschiffe den Atlantik. Die Reeder trauten jedoch den Dampfmaschinen nicht und statteten die Ozeandampfer nach wie vor mit Masten und Segeln aus. Die britische Schifffahrtslinie „White Star" wagte es 1889, den ersten seegängigen Dampfer ohne Segel bauen zu lassen. Die „Teutonic" war 177 Meter lang und bot Platz für 1490 Passagiere. Angetrieben wurde sie von zwei Dampfmaschinen, die so stark waren, dass die „Teutonic" 1891 mit 20,10 Knoten (38 Kilometern pro Stunde) als schnellstes Schiff der Welt über den Atlantik fuhr.

Am 27. September 1825 fuhr die erste öffentliche Eisenbahn von Stockton nach Darlington.

Schienen. An diesen Schienen aber scheitert Trevithick, denn sie können die schwere Lokomotive auf Dauer nicht tragen.

George Stephenson (1781–1848) kann schließlich den durchschlagenden Erfolg für sich verbuchen. Seine erste Lokomotive fährt 1813 auf besseren Schienen und bewährt sich bestens. Sie ist stärker und schneller als jeder Pferdewagen. Stephenson aber will noch mehr: Richtige Eisenbahnen bauen, die Städte miteinander verbinden, das ist sein Ziel. Am 27. September 1825 ist es endlich so weit: Gleich 38 Wagen zieht seine auf den Namen „Locomotion" getaufte Lokomotive von Stockton nach Darlington in England. Die ersten Zugreisenden der Welt sind nach der Fahrt über 29 Kilometer überwältigt. Innerhalb weniger Jahre erobert die Eisenbahn Europa und die USA. Das Industriezeitalter ist nun nicht mehr aufzuhalten.

Das tapfere **Schneiderlein**

Wie mühsam der Mensch das Fliegen erlernte

1811 in Ulm

„**D**ie Windverhältnisse sind ebenso schlecht wie gestern. Doch was soll ich machen? Der König ist schon abgereist. Aber sein Bruder und Hunderte von Menschen sind erneut erschienen. Ich werde es wohl wagen müssen. Den **Flugapparat** habe ich eigens nochmal durchgesehen. Alle Schnüre und der Stoff sind gespannt, die Streben in Ordnung. Nur der Wind ist mir zu wider! Dieser kalte Wind wird mir noch den Flug verleiden. Mein ganzes Leben habe ich in den Apparat gesteckt. Mein ganzes Geld. **Und nun endlich,** da ich meine Erfindung vorführen und über die Donau fliegen soll, hat sich das Wetter gegen mich verschworen. Da, die ersten Rufe werden laut. Man will mich endlich fliegen sehen. Ich kann nicht mehr lange warten. Aua! Was war das? Jemand versetzt mir einen Fußtritt! Ich rutsche ab, ich verliere meinen Halt! Ich stürze!"

Albrecht Ludwig Berblinger bei seinem spektakulären Flugversuch über der Donau

Zu Beginn des 19. Jahrhunderts lebt in Ulm der eigenwillige Schneider Albrecht Ludwig Berblinger (1770–1829). Seinen Beruf übt er nur ungern aus, denn viel lieber als Schneider wäre er Erfinder geworden. Er träumt davon, einen Flugapparat zu bauen und wie ein Vogel zu fliegen. Um dem Geheimnis des Fliegens auf die Spur zu kommen, beobachtet er Vögel, vor allem Eulen. Dann ist es endlich so weit: Berblinger baut einen einfachen **Gleiter**, der einem modernen Drachenflieger gar nicht so unähnlich ist. Die Bürger von Ulm lachen ihn zwar aus, aber er gibt nicht auf. Schließlich erfährt sogar der König von dem Schneider und will ihn fliegen sehen. Doch der Flugversuch fällt buchstäblich ins Wasser. Berblinger stürzt unter dem Gelächter der Zuschauer von dem Holzgerüst, auf dem er mit dem umgeschnallten Gleiter zum Starten steht, in die Donau. Als „Schneider von Ulm" verspottet und völlig verarmt stirbt er 1829.

Der „Schneider von Ulm" bei seinem missglückten Flugversuch

Die ersten Menschen schweben im Ballon

Dabei kann sich der Mensch zu dieser Zeit längst in die Luft erheben. Zu verdanken hat er dies den Brüdern Joseph-Michel (1740–1810) und Étienne Montgolfier (1745–1799). Auf die Idee sind die beiden Franzosen gekommen, als sie aufsteigenden Rauch in einem Kamin beobachten. Joseph-Michel fragt sich, ob man diesen Rauch nicht einfangen kann.

Er näht sich einen Beutel aus Seide und hält ihn über ein Feuer. Gebannt beobachtet er, wie sich die Seidenhülle

Wissen *spezial*

Wie fliegt ein Gleiter?
Ein Gleiter ist ein Flugzeug ohne Motor. Beim Start wird er durch Muskelkraft, eine Seilwinde oder ein Schleppflugzeug vorwärtsbewegt. Dann gleitet er dank des Profils seiner Flügel und Aufwinden durch die Luft.

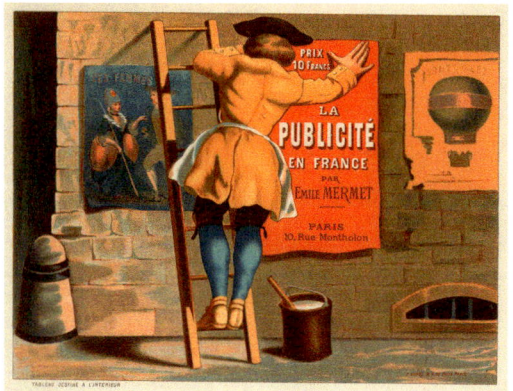

Plakate künden vom Erfolg der Brüder Montgolfier.

Die Sensation ist perfekt: Zum ersten Mal heben Menschen mit einem Ballon ab.

aufbläht und in die Höhe steigt. Sofort machen sich die Brüder daran, größere Ballons aus Leinwand und Papier zu bauen. Die Ballons sorgen für so viel Aufsehen, dass der französische König von ihnen erfährt. Er lädt die beiden Brüder nach Paris ein. Dort sollen sie zeigen, ob ein Ballon auch Menschen tragen kann. Am 21. November 1783 halten der König und geladene Gäste im Garten vom Schloss von Versailles den Atem an. Das Feuer wird angezündet und füllt die riesige Ballonhülle mit Rauch. Dann heben die beiden Freiwilligen Pilâtre de Rozier und Marquis d'Arlandes zur ersten Luftfahrt in der Geschichte ab. Die Menschen unten warten gespannt. Nach 25 Minuten in der Luft landen beide unversehrt wieder auf sicherem Boden und berichten begeistert von ihrem Erlebnis.

Die Brüder Montgolfier sind der Überzeugung, dass der Rauch den Ballon aufsteigen lässt. Sie verwenden daher stark qualmende Brennstoffe wie Stroh und Laub. Erst später erkennen Forscher die wahre Ursache. Nicht der Rauch, sondern die heiße Luft lässt den Ballon aufsteigen, da sie leichter ist als die Luft der Umgebung. Lange Zeit glauben die Menschen, dass der Mensch nur auf diese Weise fliegen kann. Nur wenige Tüftler suchen einen anderen Weg.

Den Vögeln abgeschaut

Zu diesen Forschern gehört auch Otto Lilienthal (1848–1896) aus Anklam im heutigen Mecklenburg-Vorpommern. Einige Jahre lang beobachtet er den Flug der Vögel und untersucht den Aufbau der Flügel. Dabei macht er eine wichtige Entdeckung: Das gewölbte Profil der Flügel ist der Grund, warum ein Vogel überhaupt fliegen kann. Diese Entdeckung will er unbedingt nutzen. Aus Baumwollstoff und einem Rahmen aus Weidenholz baut er einen Gleiter mit gewölbten **Tragflächen** und wagt 1891 seinen

Otto Lilienthal hat die Tragflächen seiner Gleiter den Flügeln eines Vogels nachempfunden.

ersten kurzen Flug. Zunächst startet er von einem Sprungbrett aus, später von einem 15 Meter hohen Hügel. Nach vielen Versuchen gelingt es ihm, bis zu 300 Meter weit zu fliegen. Seine Flüge sind eine Sensation. Die Nachricht vom deutschen „Dädalus" verbreitet sich um die ganze Welt. Otto Lilienthal hat längst neue Pläne und will einen motorgetriebenen Gleiter bauen. Dazu aber kommt er nicht mehr, denn 1896 stürzt er bei einem Flugversuch aus 15 Metern Höhe ab und stirbt am Tag darauf.

Ein Gefühl von Freiheit

Von diesem tragischen Unglück lassen sich andere Flugpioniere keineswegs abhalten. Einer von ihnen ist Gustav Weißkopf (1874–1927) aus Leutershausen in Franken. 1895 wandert er in die USA aus und gründet eine Maschinenfabrik. Zunächst baut er Gleiter und nutzt dabei die Erfahrungen von Otto Lilienthal. Bald kommt er jedoch zu dem Schluss: Ohne Motoren bleibt man nicht lange in der Luft. Aber wozu ist er Maschinenbauer? Aus Bambus und Seide konstruiert er ein Flugzeug, das wie eine große Taube aussieht, und rüstet es mit einem Motor und zwei Propellern aus. Am 14. August 1901 nimmt er seinen ganzen Mut zusammen und steigt in den Pilotensitz, der einer Badewanne ähnelt. Der Motor wird von einem Helfer angeworfen. Ein Journalist und einige Freunde sehen staunend, wie das Flugzeug abhebt und einige Hundert Meter

Thema | **Tödlicher Übermut: Dädalus und Ikarus**

*D*er Erfinder und Baumeister Dädalus wurde, so erzählt eine altgriechische Sage, von Minos, dem König von Kreta, gefangen gehalten. Eine Flucht war über Land oder das Wasser unmöglich. Also baute Dädalus für sich und seinen Sohn Ikarus Flügel aus Vogelfedern, die er mit Bienenwachs zusammenfügte.
Er warnte Ikarus davor, zu dicht an die Sonne zu fliegen, weil das Wachs sonst in der Hitze der Sonne schmelzen würde. Aber der übermütige Sohn hörte nicht auf ihn. Das Wachs schmolz, die Federn lösten sich, und Ikarus stürzte ins Meer.

Gustav Weißkopf vor
seinem Flugzeug

weit fliegt, bevor es wieder den Boden berührt. „Noch nie hatte ich ein solches Gefühl von Freiheit", berichtet Weißkopf nach der Landung. Leider wird sein Flugzeug bei einem weiteren kurzen Flug zerstört. Zwar baut er noch ein weiteres, doch schließlich geht ihm das Geld aus und er kann seine Versuche nicht fortsetzen.

Der erste Motorflug von
Wilbur Wright in Europa

Die Pioniere des Motorflugs

Dieses Geld aber haben Orville (1871–1948) und Wilbur Wright (1867–1912) aus Dayton in den USA. Auch sie sind große Bewunderer von Otto Lilienthal. Wie Gustav Weißkopf bauen sie zunächst Gleiter, bevor sie sich an einen Doppeldecker mit Motorantrieb wagen. Am 17. Dezember 1903 haben sie alle

Tests abgeschlossen. Orville legt sich auf die untere Tragfläche. Der Motor wird angeworfen. Mit nur etwa elf Stundenkilometern hebt das Flugzeug mit Namen „Flyer" ab. Schon bald beherrschen die Wrights das Flugzeug und können dank eines guten **Leitwerks** sogar Kurven fliegen. Noch halten sie ihr Flugzeug aus Angst vor Konkurrenten geheim, doch ab 1908 führen sie es in den USA und Europa einem begeisterten Publikum vor. Tausende von Menschen strömen zu den Flugschauen. Da viele von den Flügen der Wrights tief beeindruckt sind, sehen sie den „Flyer" als erstes wirkliches Motorflugzeug an.

Zehn Jahre nach den ersten Flügen sind Flugzeuge am Himmel keine echte Sensation mehr. Auch Frauen werden zu Pilotinnen ausgebildet. Als erste Frau der Welt erwirbt die Französin Raymonde de Laroche (1884–1919) im Jahr 1910 den Flugschein. Sie gewinnt später mehrere Weltrekorde. 1927 überquert Charles Lindbergh (1902–1974) als Erster im Alleinflug den Atlantischen Ozean. Vor allem in Europa und den USA schütteln nun viele Menschen darüber den Kopf, dass man noch vor kurzer Zeit geglaubt hat, Fliegen sei für den Menschen unmöglich.

Wissen *spezial*

Was leitet das Leitwerk?
Das Leitwerk besteht aus dem Seitenruder, dem Höhenruder und dem Querruder. Mit diesen beweglichen Klappen steuert der Pilot das Flugzeug. Seiten- und Höhenruder befinden sich am Heck und das Querruder an den Tragflächen.

Charles Lindbergh vor seinem berühmten Flugzeug „Spirit of St. Louis", mit dem er den Atlantik überquerte.

Der Zufall als Erfinder

Gummi, Glas und andere künstliche Stoffe

1839 in Philadelphia

„Ich habe wieder eine neue Mischung hergestellt! Diesmal habe ich den Kautschuk mit Schwefel versetzt."

„Na und? Wird wieder genauso klebrig sein wie beim letzten Mal."

„Aber die Masse ist trocken. Weich, aber trocken. Fühlen Sie selbst!"

„Kein Bedarf. Da fühl ich lieber das Leder, das es in diesem Laden zu kaufen gibt. Das ist fest und geschmeidig. He, was machen Sie da?"

„Mir reicht's mit meinen Experimenten! Weg damit!"

„Ihre Mischung ist auf der heißen Ofenplatte gelandet. Die wird schmelzen wie Butter an der Sonne."

„Aber sehen Sie nur, sie schmilzt nicht! Sie zieht sich zusammen und wird hart!"

„Tatsächlich. Sieht jetzt aus wie Leder."

„Und fühlt sich auch so an. Das war's! Auf die Hitze kam es an!"

Charles Goodyear präsentiert seine Kautschuk-Schwefel-Mischung und entdeckt zufällig, wie daraus Gummi wird.

 Charles Goodyear ist zwar zur Schule gegangen, hat aber keinen richtigen Beruf erlernt. Mit 17 Jahren findet er Arbeit in einem großen Kaufhaus in der Stadt Philadelphia und macht seine ersten Erfahrungen als Geschäftsmann. Als er etwas Geld angespart hat, gründet er 1826 seinen eigenen kleinen Laden. Auf der Suche nach neuen Geschäftsideen stößt er auf einen Stoff, für den sich viele Menschen interessieren: Kautschuk. Eine ganze Reihe von Chemikern experimentiert mit dem Saft des südamerikanischen Kautschukbaumes. Denn der geheimnisvolle Stoff ist wasserfest und elastisch. Leider wird er klebrig, wenn er zu heiß wird. Bei Kälte aber wird er spröde und bricht. Genau diese unerwünschten Eigenschaften wollen die Chemiker ausschalten.

Saft aus der Rinde eines Kautschukbaums

Aus Kautschuk und Schwefel wird Gummi

Auch Charles Goodyear fängt an, mit der klebrigen Masse zu experimentieren, denn er verspricht sich gute Geschäfte. Da er von Chemie fast nichts versteht, mischt er den Kautschuk einfach mit allen möglichen anderen Stoffen. Viele merkwürdige harte, weiche und manchmal auch stinkende Mischungen entstehen, doch nichts, um daraus ein gutes Produkt machen zu können. Eines Tages fällt ihm eine Kautschuk-Schwefel-Mischung zufällig auf einen Ofen. Als Goodyear sie von der

In einem Labor entsteht eine neue Gummimischung aus Kautschuk, Schwefel und anderen Zutaten.

heißen Herdplatte kratzt, ist die Masse fest und trocken geworden. Das neue, unbekannte Material tauft er „pflanzliches Leder". Später wird es unter dem Namen Gummi bekannt. Goodyear ermittelt, welche Temperatur notwendig ist, um aus Kautschuk und Schwefel Gummi entstehen

Vulkanisation – was ist das?

Bei der Vulkanisation sorgen Hitze und Druck dafür, dass Kautschuk und Schwefel nicht länger nur eine Mischung bleiben, sondern sich fest miteinander verbinden. Der neu entstandene Stoff hat neue Eigenschaften, die die beiden Stoffe vorher nicht besessen haben.

zu lassen, und meldet ein Patent an. Das Verfahren, das er entdeckt hat, nennt er **Vulkanisation**. Goodyear gründet eine kleine Fabrik, in der er Gummihandschuhe, Gummistiefel, Regenmäntel und wasserfeste Zelte herstellt. Doch er ist kein guter Geschäftsmann und wird sogar mehrfach zu Haftstrafen verurteilt, weil er geliehenes Geld nicht zurückzahlen kann. Seine Erfindung wird jedoch weltbekannt und ist bald unverzichtbar. Aus keinem anderen Material lassen sich nämlich Dichtungen für Ventile oder Autoreifen so gut herstellen. Eine nach ihm benannte Reifenmarke setzt seiner Erfindung bis heute ein Denkmal. Gummi ist einer der ersten künstlichen Stoffe, ein Vorläufer unserer modernen Kunststoffe.

Reifen aus Gummi sind höchst belastbar, wie Formel-1-Rennen zeigen.

Die Schildlaus bringt Mozart zum Klingen

Auch Schellack ist ein begehrtes kunststoffartiges Material. Er kommt jedoch natürlich vor und muss nicht erst hergestellt werden. In Indien und Thailand wird der Stoff schon seit mindestens 2000 Jahren genutzt. Schellack ist ein besonderes Harz, das sich bildet, wenn Schildläuse die Zweige der Pappelfeige anstechen. Das Harz trocknet auf den Zweigen, die dann gepflückt werden. Anschließend wird es abgeschabt, gereinigt und über einem Feuer vorsichtig getrocknet. Mit anderen Stoffen vermischt, kann Schellack nun als Anstrich für Möbel und Musikinstrumente verwendet werden. Doch eine andere Erfindung macht das indische Harz weltbekannt. Der aus Hannover stammende Erfinder Emil Berliner (1851–1929) möchte den von Thomas Alva Edison erfundenen Phonographen verbessern, mit dem man Musik aufnehmen kann. Wie

Für die Lackierung wertvoller Saiteninstrumente wird noch heute Schellack verwendet.

Mithilfe von Schildläusen wird auf großen Plantagen Schellack gewonnen.

Edison die Schallwellen mechanisch in eine Stanniolwalze einzuritzen, findet er zu umständlich. Er kommt auf die Idee, statt der Walze eine Scheibe zu verwenden. Denn die lässt sich pressen, ganz ähnlich, als würde man ein Buch drucken. Die Schellackplatte und das Grammofon werden ab 1900 ein echter Kassenschlager. Bis zu 50.000 Tonnen Schellack werden nun pro Jahr benötigt, um in den Presswerken Millionen von **Schallplatten** herzustellen.

Bemaltes Glas aus dem alten Ägypten

Seit fast vier Jahrtausenden im Einsatz – Glas

Zu den ältesten künstlich hergestellten Stoffen der Menschheit zählt das Glas. Schon die Ägypter haben vor rund 3500 Jahren Glas geschmolzen. Die Römer konnten sogar schon kleine Fensterscheiben herstellen. Dennoch blieb Glas lange Zeit ein sehr

Thema   **Klingender Kunststoff: Die ersten Schallplatten**

Im Oktober 1896 sucht der Erfinder Emil Berliner nach einem neuen Material für die Herstellung von Schallplatten. Die Platten, die er bislang hergestellt hatte, bestanden aus Hartgummi. Doch der Klang war grauenhaft. Nun wollte er es mit Schellack versuchen, einem indischen Harz. Vermischt man es mit Ruß, Schiefermehl und anderen Zutaten, entsteht eine feste Masse. Berliner erhitzt sie und presst daraus die ersten Schellackplatten. Die Klangqualität ist so gut, dass die Platten mehr als 60 Jahre lang hergestellt werden.

Ein Kuppeldach aus Glas und Stahl sorgt für Tageslicht in einer Einkaufspassage.

Woraus wird Glas gemacht?
Bei Temperaturen zwischen 1000 und 1600 Grad Celsius verbinden sich Quarzsand, Kalk, Pottasche und einige andere Stoffe zu Glas. Durch den Zusatz von Metalloxiden wird Glas gefärbt. Eisenoxid, eine Art Rost, färbt Glas grün.

wertvoller und teurer Stoff. Das ändert sich erst, als es Ende des 19. Jahrhunderts einigen Erfindern gelingt, mithilfe großer Schmelzöfen und Kühlanlagen riesige Scheiben zu ziehen. Das Ziehen ist dabei die entscheidende Neuerung. Direkt aus dem flüssigen **Glas** im Schmelzofen formt ein besonderer Sauger einen bis zu acht Meter hohen Glas-

Auf einer Walzenstraße werden riesige Glasscheiben hergestellt.

zylinder. Dieser wird anschließend aufgeschnitten und ausgerollt, sodass eine flache Scheibe entsteht. Noch einfacher ist das Verfahren des Amerikaners Irving Wightman Colburn (1861–1917). Er hat die geniale Idee, das Glas nicht nach oben zu ziehen, sondern auf waagerechte Walzen umzulenken und durch einen Kühlofen laufen zu lassen. Die so entstehende Scheibe kann Coburn viel länger ziehen als acht Meter. So wird Glas zu Beginn des 20. Jahrhunderts zu einem preisgünstigen Industrieprodukt. Vor allem die Besitzer der großen Warenhäuser sind Colburn sehr dankbar, da sie nun große Schaufenster in ihre Läden einbauen lassen können.

Mit Stahl beginnt das technische Zeitalter

Wissen *spezial*

Aus Eisen wird Stahl
Stahl ist eine Legierung, also eine Mischung aus Eisen und Kohlenstoff. Aus Eisenerz gewonnenes Roheisen enthält viel Kohlenstoff, der erst verbrannt werden muss, um gut formbaren Stahl zu erhalten, der nicht bricht.

Auch **Stahl** ist seit rund 3000 Jahren bekannt. Doch wie beim Glas sorgen erst moderne Verfahren dafür, dass große Mengen hergestellt und weiterverarbeitet werden können. Schon Ende des 18. Jahrhunderts hatten Stahlwerker erkannt, dass die Zufuhr von Luft die Qualität von Stahl verbessert. Er wird härter und ist gut zu schmieden. Es dauert jedoch noch 150 Jahre, bis Erfinder einen Weg entdecken, auch möglichst viel Sauerstoff in den kochenden Stahl zu leiten. Einer von ihnen ist der englische Ingenieur Henry Bessemer (1813–1898). Er baut 1855 einen riesigen Kochtopf, Bessemer-Birne genannt, in dem Roheisen bei 1300 Grad Celsius zu Stahl gekocht wird. Dabei wird durch Düsen im Boden des birnenförmigen Topfes mit großem Druck Luft gepresst. Der Sauerstoff verbrennt den Kohlenstoff im Roheisen. Mit diesem Verfahren können end-

lich große Mengen Stahl zu einem niedrigen Preis hergestellt werden. Dieser Stahl wird dringend gebraucht, denn der Bau der Eisenbahnen verschlingt große Mengen. Aber auch die ersten Fabriken benötigen Stahl, um Werkzeuge und Landmaschinen herzustellen. Der Bau der ersten Hochhäuser in den USA gegen Ende des 19. Jahrhunderts wird überhaupt erst möglich, indem Architekten die tragenden Gerüste aus dem stabilen und extrem belastbaren Stahl statt aus Stein herstellen ließen. Stahl wird zum Symbol des technischen Zeitalters, dem auf der Weltausstellung 1889 in Paris sogar ein Denkmal gesetzt wird: der Eiffelturm.

Der Eiffelturm wurde aus 18.038 einzelnen Stahlteilen zusammengebaut, die zusammen 7300 Tonnen wiegen.

Ein Stahlarbeiter gießt flüssigen Stahl in eine Gussform.

Das Pferd frisst
keinen Gurkensalat

Das Telefon verbindet Menschen und Länder

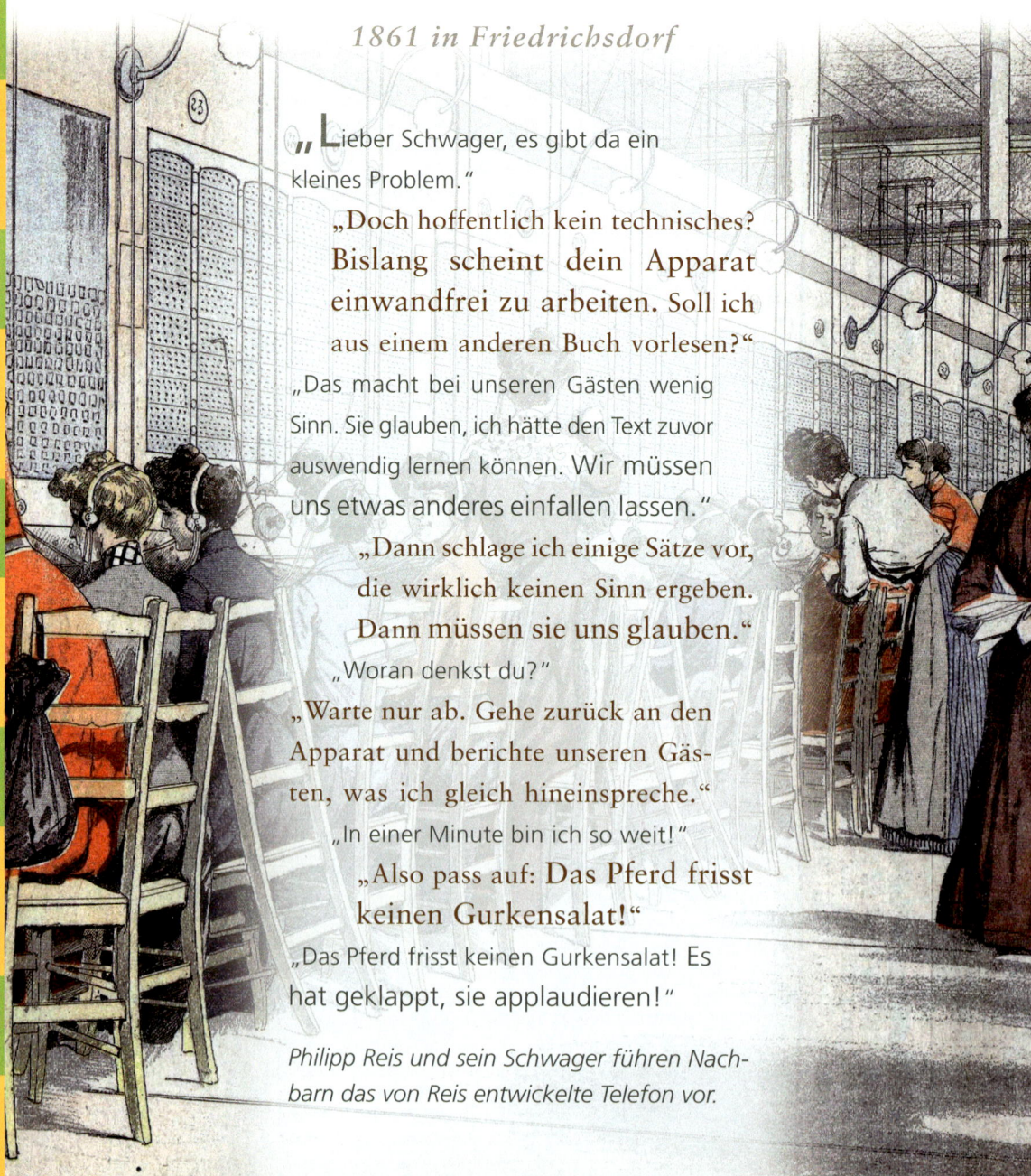

1861 in Friedrichsdorf

„Lieber Schwager, es gibt da ein kleines Problem."

„Doch hoffentlich kein technisches? Bislang scheint dein Apparat einwandfrei zu arbeiten. Soll ich aus einem anderen Buch vorlesen?"

„Das macht bei unseren Gästen wenig Sinn. Sie glauben, ich hätte den Text zuvor auswendig lernen können. Wir müssen uns etwas anderes einfallen lassen."

„Dann schlage ich einige Sätze vor, die wirklich keinen Sinn ergeben. Dann müssen sie uns glauben."

„Woran denkst du?"

„Warte nur ab. Gehe zurück an den Apparat und berichte unseren Gästen, was ich gleich hineinspreche."

„In einer Minute bin ich so weit!"

„Also pass auf: Das Pferd frisst keinen Gurkensalat!"

„Das Pferd frisst keinen Gurkensalat! Es hat geklappt, sie applaudieren!"

Philipp Reis und sein Schwager führen Nachbarn das von Reis entwickelte Telefon vor.

Der junge Physiker Philipp Reis (1834–1874) kommt 1858 als Lehrer an das Louis Frédéric Garnier Institut nach Friedrichsdorf in Hessen. Diese Schule kennt Reis sehr gut, denn er hat sie selbst einige Jahre zuvor besucht. Nun will er den Schülern einen anspruchsvollen naturwissenschaftlichen Unterricht bieten, was ihm auch gelingt. Vor allem seine anschaulichen Modelle sind bei den Schülern sehr beliebt, denn mit ihrer Hilfe kann Reis auch komplizierte Vorgänge leicht erklären. Eines dieser Modelle ist eine aus Eichenholz gefertigte menschliche Ohrmuschel. Mitten im Unterreicht, während Reis den Hörvorgang erklärt, hat er eine Idee: Es müsste doch möglich sein, das hölzerne Ohr tatsächlich hören zu lassen!

Das erste Telefon der Welt, gebaut von Philipp Reis

Das Telefon wird das erste Mal erfunden

Am nächsten Tag baut Reis eine **Membran**, eine gespannte Haut aus Schweinedarm, in das hölzerne Ohrmodell ein und versieht es mit einem elektrischen Kontakt und einer Batterie. Sprache besteht aus Schallwellen. Die Schallwellen werden mittels der Membran in elektrische Signale umgewandelt und durch ein Kabel zu einem Empfangsgerät gesendet. Lange sucht Reis nach einem Weg, die Signale wieder in Schallwellen umzuwandeln. Schließlich wickelt er aus Kupferdraht eine große Spule, in die er eine Stricknadel steckt. Fließt Strom durch die Spule, bewegt sich die Nadel und bringt eine weitere Membran zum Schwingen. Diese wandelt die Signale wieder in Schallwellen um, die an das Ohr des Hörers gelangen. Am 26. Oktober 1861 führt Philipp Reis die Apparatur, die er

Wissen *spezial*

Wie funktioniert eine Membran?

Treffen Schallwellen, also in Schwingung versetzte Luft, auf eine Membran, so wird sie ebenfalls in Schwingung versetzt. Diese Schwingung wird im Mikrofon des Telefons in elektrische Signale umgewandelt.

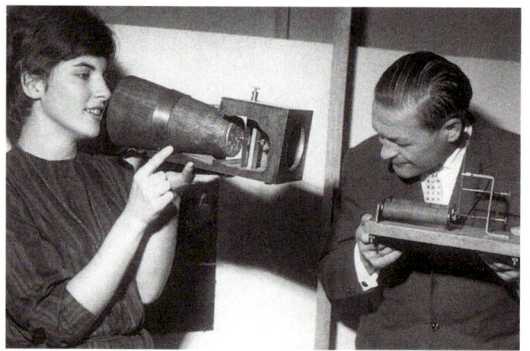

Das von Philipp Reis erfundene Telefon funktioniert auch heute noch.

„Telephon" tauft, einigen Kollegen vor. Die sind zwar ganz angetan von der Erfindung, doch einen Bedarf an derartigen Geräten sehen sie nicht. Da Philipp Reis sehr schwer an Tuberkulose erkrankt, muss er eine Weiterentwicklung aufgeben.

Das Telefon wird noch einmal erfunden

Der amerikanische Taubstummenlehrer Alexander Graham Bell (1847–1922) erforscht einige Jahre später das menschliche Ohr. Auch er kommt auf die Idee, das Ohr nachzubauen und Sprache elektrisch zu übermitteln. Sein Sprechgerät besteht aus einer mit Säure gefüllten Dose mit einem Deckel als Membran und zwei Drähten. Das Prinzip aber ist dasselbe wie bei Philipp Reis. Obwohl seine Erfindung nur halbwegs funktioniert, meldet Bell sie sofort beim Patentamt an. Seine Eile ist nicht unbegründet, denn er hat von mehreren anderen Erfindern erfahren, die auch an einem Telefon arbeiten. Bell jedoch gewinnt das Rennen. Zwei Stunden vor seinem Konkurrenten Elisha Gray (1835–1901) füllt Bell im Jahr 1876 das Patentformular aus. Bei seiner Erfindung setzt Bell auf den Erfolg der Telegrafie, die 1833 von Wilhelm

Das Mikrofon von Alexander Graham Bells Telefon

Weber (1804–1891) und anderen Physikern erfunden worden war. Die Telegrafie hatte bewiesen, dass Elektrizität Signale über große Entfernungen weiterleiten kann. Nur vier Jahre später entwickelt der Amerikaner Samuel Morse (1791–1872) den nach ihm benannten Morseapparat. Mit ihm ist es möglich, kurze und lange Stromstöße zu übermitteln. Die Stromstöße werden mithilfe einer Taste erzeugt, an die eine Stromquelle angeschlossen ist. Ein Pendel, an dem ein Stift befestigt ist, zeichnet die beim Empfänger ankommenden Stromstöße als **Morsesignale** auf einem Papierband auf. Bald stehen in jeder amerikanischen Stadt Morsestationen. Sie sind durch Telegrafendrähte verbunden, die das ganze Land überziehen und meist entlang der Eisenbahnschienen verlegt werden. Auch in Europa gehören die Masten mit den Drähten schnell zum Landschaftsbild. Schneller als je zuvor rasen nun die Nachrichten um die Welt. Was noch vor wenigen Jahren Wochen und Monate gedauert hat, benötigt nun wenige Minuten. Sofort erfahren die Menschen, was sich an fernen Orten und auf anderen Erdteilen Neues ereignet hat.

Was sind Morsesignale?
Die Buchstaben des Morsealphabets bestehen aus Punkten, Strichen und Pausen. Ein A ist zum Beispiel ein Punkt, eine kleine Pause und ein Strich. Das bekannteste Morsesignal ist das Seenotsignal SOS (...___...). Erfunden wurde das Morsealphabet von Alfred Vail (1807–1859), einem Mitarbeiter Samuel Morses.

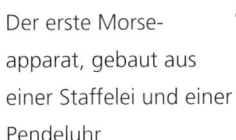

Der erste Morseapparat, gebaut aus einer Staffelei und einer Pendeluhr

Der Untergang der Titanic per Telegramm

Die Welt wird kleiner

Lange Zeit wurden Telegrafen- und Telefonleitungen überirdisch verlegt.

Doch über weite Entferungen miteinander sprechen können die Menschen trotzdem noch nicht. Das schafft erst Alexander Bell, der einen Teil der Technik der Telegrafie, etwa das Verlegen von Leitungen und die Verstärkung der Signale, für seinen Apparat übernimmt. Bell will mit seiner Erfindung vor allem Geld verdienen. Dazu braucht er reiche Unternehmer, die sich an seinem Vorhaben beteiligen, denn zunächst muss Bell sein Telefon verbessern und weiterentwickeln, bis es sich in großen Stückzahlen herstellen lässt. Seine Hoffnungen erfüllen sich tatsächlich. Innerhalb weniger Jahre wird aus Bells kleiner Werkstatt ein großes Unternehmen.

Dank seines Patentes kann cr das Telefon in die ganze Welt verkaufen. Auch in Deutschland werden ab 1881 die

Thema **Das Fräulein vom Amt**

Die ersten Telefongespräche wurden noch von Hand vermittelt. Der Abonnent, so nannte man den Teilnehmer um 1900, musste die Kurbel an seinem Telefonapparat drehen. Sie löste ein Klingelzeichen in der Vermittlung aus, wo sich eine Telefonistin meldete,

das Fräulein vom Amt. Der Satz, den sie zu sagen hatte, war vorgeschrieben: „Hier Amt, was beliebt?" Dann nannte der Abonnent die Telefonnummer des gewünschten Teilnehmers. Durch eine Steckverbindung stellte die Telefonistin die Verbindung her.

ersten Telefone aufgestellt. Allerdings können die Menschen zunächst nur innerhalb von Städten telefonieren. Die ersten Anschlüsse bestellen Geschäftsleute, die schneller sein wollen als ihre Mitbewerber auf dem Markt. Noch ist es allerdings nicht möglich, einfach eine Nummer zu wählen. Das **Fräulein vom Amt** vermittelt die Gespräche. Ab 1882 werden deutsche Städte wie Berlin, Köln, Hamburg, Mainz, Bremen und Mannheim durch Telefonkabel miteinander verbunden. 1895 werden in Berlin die ersten öffentlichen Telefonzellen aufgestellt. Im Jahr 1900 kann man sogar mit Paris und Wien telefonieren. Im selben Jahr wird der Münzfernsprecher eingeführt. Die kürzlich noch unermesslich groß scheinende Welt schrumpft durch das Telefon zusammen.

Das Fräulein vom Amt erreichte man, indem man an der Kurbel drehte.

Ein Telefon-Billett um 1900 für einen öffentlichen Fernsprecher

Ein modernes ISDN-Telefonkabel besteht aus Hunderten einzelner Leiter.

Guglielmo Marconi
bei einem seiner Funk-
versuche

Wissen
spezial

**Elektromagneti-
sche Wellen?**
Zu den elektromag-
netischen Wellen
gehört auch das
Licht, das wir sehen
können. Es gibt
jedoch auch Wellen,
die wir nicht sehen
können. Zu ihnen
gehören Radiowel-
len, wie Marconi sie
eingesetzt hat. Die
Energie der Radio-
wellen reicht aus,
um über große Ent-
fernungen Signale
mit Lichtgeschwin-
digkeit zu übertra-
gen.

Telefonieren ohne Kabel?

Ist es möglich, die Schallwellen über noch größere Entfernungen weiterzuleiten? Etwa nach Amerika? Kann man
gar eine Verbindung zu den großen Dampfern herstellen,
die nun verstärkt den Atlantik überqueren? Ein Kabel kann
man zu ihnen ja kaum verlegen. Die Lösung dieser Aufgabe gelingt dem Italiener Guglielmo Marconi (1874–1937).
Er ist zwar nicht der Entdecker der **elektromagnetischen
Wellen**, aber er denkt im Gegensatz zu anderen Wissenschaftlern an eine praktische Anwendung. Mit einem ein-

fachen Sender schafft er es 1894, mittels Radiowellen ein Funksignal über eine Entfernung von neun Metern zu senden. Ein Jahr später kann er schon 1000 Meter überbrücken. Nach weiteren Versuchen wird erstmals eine Funkanlage an Bord eines Schiffes eingerichtet, nämlich auf der „Kaiser Wilhelm der Große", dem damals schnellsten Schiff der Welt. Als es am 28. Februar 1900 auf dem Weg nach New York die Insel Borkum passiert, meldet es sich beim dortigen Leuchtturm mit der ersten Seefunknachricht der Welt. Nach diesem Erfolg wollen auch andere Reeder auf ihren Schiffen **Funkgeräte** haben. Denn nun können ihnen die Kapitäne per Funk mitteilen, wann sie in einem Hafen eintreffen werden. Dort werden sofort die Löscharbeiten vorbereitet. Die Reeder sparen so Zeit und Geld. Wenige Jahre später entstehen in vielen Ländern große Funkstationen an den Küsten, die Kontakt zu den Schiffen halten. Auch auf See sind so die Menschen miteinander verbunden. Fast wie mit dem Telefon an Land, auf das immer weniger Menschen verzichten wollen.

Wissen *spezial*

Fliegen beim Funken die Funken?
Bei den ersten Funkgeräten wurden die Funkwellen mithilfe von zwei Kugeln erzeugt, zwischen denen tatsächlich Funken flogen. Da dieser Funkenflug auch hörbar war, hießen diese Sender „Knallfunkensender".

Die 1891 gebaute „Fürst Bismarck" hatte bereits eine Funkanlage.

Endlich kühles Bier!

Kühlschränke und Blechdosen machen Lebensmittel haltbar

1871 in München

„Das ist jetzt schon der dritte Brief eines unserer Münchner Brauer! Und alle haben sie meinen Artikel über die neue Kältemaschine gelesen.

Das ist ja höchst erstaunlich. Doch wenn ich es recht bedenke, haben die Herren genau verstanden, worum es bei meinem Verfahren geht. Vielleicht sogar besser als meine verehrten Kollegen aus der Wissenschaft. Ja, ich werde die Anfragen der Brauer beantworten. Ich werde ihre Betriebe mit Kühlmaschinen ausstatten. Wenn sie zufrieden sind, kann ich vielleicht sogar einen eigenen Betrieb gründen, der Kältemaschinen herstellt. Bestimmt wollen nicht nur die hiesigen Brauer ihr Bier kühlen. Das verspricht in der Tat, ein gutes Geschäft zu werden! Schnell, Papier und Feder zur Hand, ich will gleich eine Antwort an meine zukünftigen Kunden aufsetzen."

Carl von Linde erkennt die Zukunft seiner neu entwickelten Kältemaschine.

 Eigentlich ist der Ingenieur Carl von Linde (1842–1934) nach München gezogen, um in der Lokomotivenfabrik Krauss als Konstrukteur zu arbeiten. Doch gerade hat er sich an die ersten Entwürfe gemacht, da meldet sich die Polytechnische Schule München und macht ihm ein Angebot. Der Leiter der Schule hat schon einiges von dem begabten Ingenieur gehört und bittet ihn, als Professor zu unterrichten. Eine große Ehre für den 26-jährigen von Linde, der die neue Stelle begeistert annimmt. Umgehend macht er sich an die Arbeit und sorgt dafür, dass die Schule eine Experimentierwerkstatt erhält, in der Maschinen aller Art gebaut und erprobt werden können. Denn von Linde ist der Überzeugung, dass nur die Erforschung einer Technik sinnvoll ist, die der Mensch auch tatsächlich einsetzen kann.

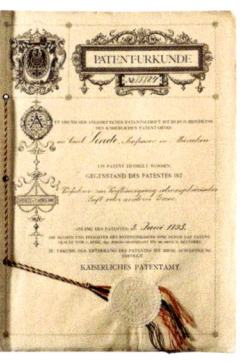

Diese Urkunde besiegelt Carl von Lindes berühmtes „Kälte-Patent".

Ein Ersatz für das Eis aus den Alpen

In seiner Werkstatt entwickelt von Linde 1871 eine neuartige Kältemaschine, für die sich auch gleich die Münchner Brauer interessieren. Um ihr Bier im Sommer zu kühlen, müssen sie nämlich für viel Geld Eis aus den Alpen nach München bringen lassen. Als ihnen Carl von Linde seine Maschine erklärt, wird ihnen sofort klar, wie außerordentlich wertvoll diese für sie ist. Sie wird in den Brauereien so erfolgreich getestet, dass von Linde zusammen mit einigen Brauern eine eigene Firma gründet, die „Gesellschaft für Lindes Eismaschinen AG". Bald steht in fast jeder Brauerei Europas eine Linde-Kältemaschine. Auch Molkereien und andere Lebensmittelbetriebe bestellen nun

Vor Lindes Kältetechnik musste man Eis in sogenannten Eisspeichern einlagern.

Ein Werbeplakat aus den 1930er-Jahren

Kältemaschinen. Zwar entwickelt von Linde 1876 den ersten Kühlschrank, doch dauert es noch rund 50 Jahre, bevor die Menschen ihre Küchen damit ausstatten. Denn die ersten Geräte sind zu groß, zu teuer und sehr störanfällig. Mit Kühlschränken im Haushalt können Lebensmittel nun aber kalt gelagert werden und halten so viel länger. Es ist kein Problem mehr, auch frische Waren wie Fleisch und Fisch auf Vorrat einzukaufen. In einem Gefrierschrank oder einer Kühltruhe lassen sich Fisch und Fleisch tiefgefroren sogar ein ganzes Jahr lang **haltbar machen**.

Konserven – eine „Wohltat" für die Menschheit

Lebensmittel haltbar zu machen – das geht allerdings auch ohne Kühlung. Man braucht die empfindlichen Frischwaren nur in einem Glas einzukochen. Auf diese Idee kommt François Nicolas Appert (1749–1841), ein französischer Koch und Zuckerbäcker. Zu Hilfe kommt ihm dabei Kaiser Napoleon I., der eine große Armee aufgestellt hat, die nur schwer mit Lebensmitteln zu versorgen ist. Napoleon veranstaltet daher einen großen Wettbewerb: Wem es gelingt, Lebensmittel aller Art haltbar zu machen, der erhält ein Preisgeld von 12.000 Goldfranken. Viele Erfinder gehen sofort an die Arbeit. Das enorme Preisgeld und der Ehrentitel „Wohltäter der Menschheit" werden 1810 feierlich an Appert

überreicht. Er hatte Fleisch und Gemüse zunächst in großen Glasflaschen und dann in besonderen Gläsern eingekocht und fest verschlossen. Die Marine Napoleons hatte diese Flaschen auf einigen Fahrten getestet. Die Matrosen und Offiziere waren begeistert. Wann auch immer sie eine der Flaschen öffneten, war der Inhalt nicht verdorben und schmeckte lecker. Appert nutzt das Preisgeld, um eine eigene Manufaktur zu eröffnen, in der Lebensmittel eingekocht werden. Statt Glas nimmt er nun Blechdosen, die nicht zerbrechen und das Eingekochte vor Sonnenlicht schützen. Außerdem lassen sich die Dosen viel besser stapeln als Gläser.

Die ersten Konservendosen kamen bereits 1813 auf den Markt.

Brot in Dosen aus der Zeit des Zweiten Weltkriegs

Thema   Lebensmittel haltbar machen – Tricks aus vergangenen Zeiten

Zu den ältesten Verfahren, Lebensmittel haltbar zu machen, gehören das Trocknen und die kühle Aufbewahrung. Dörrfleisch diente schon den Jägern und Sammlern als Nahrungsreserve. Auch Pilze, Früchte und manche Fischsorten wurden getrocknet. Fisch oder Fleisch lässt sich auch durch Räuchern oder Salzen (Pökeln) haltbar machen. Die Tiefkühlung von Fleisch und Fisch ist den Eskimos freilich seit Urzeiten vertraut. Im alten Ägypten waren gegorene Getränke beliebt. Der so entstandene Alkohol sorgte dafür, dass die Fruchtsäfte als Most oder Wein lange haltbar blieben.

Das Schaufenster voller Konserven: Delikatessenladen in Berlin um 1910

Als **Konservendosen** werden sie bald weltweit unverzichtbar, denn in ihnen halten sich Lebensmittel gleich mehrere Jahre.

Keimabtötung durch Hitze – das Pasteurisieren

Der Grund für diese erstaunliche Haltbarkeit von eingekochten Lebensmitteln wird erst später entdeckt. Einer der Forscher, der dem Geheimnis auf die Spur kommt, ist der Franzose Louis Pasteur (1822–1895). Natürlich kennt er die Konservendosen von Appert. Doch er will wissen, warum frische Lebensmittel so schnell verderben, und macht verschiedene Experimente.

Da er Mikrobiologe ist, sich also mit Kleinstlebewesen wie Bakterien und anderen Krankheitserregern und Keimen befasst, hat er bald einige der Schuldigen gefunden. Es sind vor allem Hefepilze, Milchsäurebakterien und Salmonellen, die die Lebensmittel schnell verderben lassen.

Doch um diese **Mikroorganismen** abzutöten, müssen die Lebensmittel nicht unbedingt lange Zeit gekocht werden. Denn dadurch können nämlich auch viele wertvolle Nähr- und Aromastoffe zerstört werden. Pasteur stellt nach mehreren Versuchen fest, dass es ausreicht, die Lebensmittel nur für einige Sekunden auf rund 80 Grad Celsius zu erhitzen, um die Keime abzutöten. Vor allem Milch bekommt diese Wärmebehandlung sehr gut. Sie kann haltbar gemacht werden, ohne sie spürbar zu verändern. Da das Verfahren ein großer Erfolg wird, nennt man es nach seinem Erfinder: Pasteurisieren.

Mikroorganismen: klein mit großer Wirkung

Mikroorganismen wie Bakterien oder Pilze sind überall, aber mit bloßem Auge nicht zu erkennen. Sie bauen Nährstoffe ab, vermehren sich und hinterlassen oft giftige Ausscheidungen, die Lebensmittel verderben.

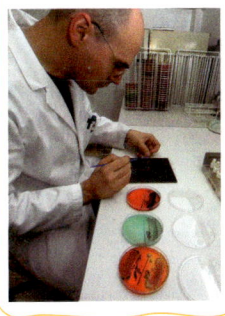

Louis Pasteur bei der Arbeit in seinem Labor

Ein typisches
Einmachglas
mit Glasdeckel
und Gummiring

Eingekochtes Obst im luftleeren Raum

Der Chemiker Rudolf Rempel (1859–1893) ist sehr beeindruckt von der Erfindung der Konservendosen und hat auch die Forschungsergebnisse von Louis Pasteur gelesen. Beide Verfahren findet er genial, nur bedauert er, dass man sie nicht nutzen kann, um eigene Konserven zu Hause herzustellen. Wie ungeheuer nützlich wäre es doch, wenn jeder Haushalt sich selbst Lebensmittelvorräte anlegen könnte. Rempel beschließt, einen geeigneten Weg zu finden, und nutzt jeden freien Sonntag, um Obst, Milch und Gemüse einzukochen. Das Problem sind jedoch die Dichtungen der Gläser und der Druck, der beim Erhitzen auf die Deckel ausgeübt werden muss, damit sie fest schließen. In dem Glas muss ein **Vakuum** entstehen, sodass keine Frischluft mit neuen Keimen an das Eingemachte kommen kann. Rempel versucht es mit besonderen Schrauben und Gewichten, bis er es mit einem Gummiring und einer Klammer probiert. Die Lösung ist gefunden, doch gerade hat er seine Gläser und seine Methode patentiert, stirbt er. Sein Patent aber geht nicht verloren, sondern wird von dem Unternehmer

Wissen *spezial*

Was ist ein Vakuum?

Im Vakuum ist der Druck geringer als in der Umgebung. Beim Einkochen dehnt sich die Luft im Glas aus und entweicht teilweise. Beim Abkühlen verdichtet sie sich wieder. Gummiring und Klammer verhindern aber, dass frische Luft ins Glas nachströmt. Der so entstehende geringere Luftdruck saugt den Deckel fest auf das Glas.

Johann Weck (1841–1914) gekauft. Innerhalb weniger Jahre werden die Weckgläser in ganz Europa bekannt. Jede Hausfrau kann nun Erdbeeren, Birnen, Bohnen oder Karotten selbst einkochen. Diese Art der Konservierung wird so beliebt, dass sie bald sogar „einwecken" genannt wird. Mehrere hundert Millionen Weckgläser werden bis in die 1960er-Jahre hergestellt, bevor die Kühltruhe das Einwecken verdrängt.

Kühltruhen sind eine Weiterentwicklung der von Carl von Linde erfundenen Kühlschränke. Doch während Kühlschränke eine Temperatur von etwa +5 Grad Celsius erreichen, schaffen herkömmliche Haushaltskühltruhen –18 bis –20 Grad Celsius. Bei diesen Temperaturen können sich die Mikroorganismen kaum noch vermehren. Eingefrorene Lebensmittel werden so für ein Jahr und länger haltbar. Der Aufwand ist zudem viel geringer als beim Einkochen: Jetzt reicht aus, Früchte oder Gemüse einfach in einem Gefrierbeutel zu verpacken.

Werbung für das Weckglas

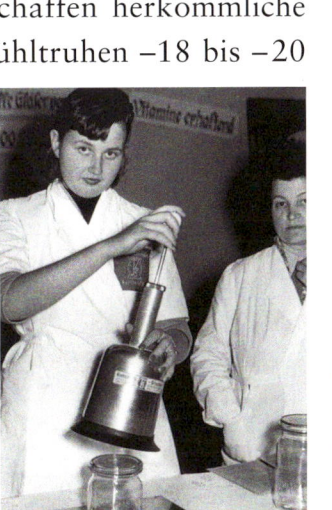

Besonders einfach ging das Einkochen mithilfe einer besonderen Vakuumpumpe.

Häuser wachsen
in den Himmel

Bauen mit Stahl ist das Geheimnis

1884 in Chicago

„Das fünfte Stockwerk steht. Die Hälfte ist geschafft. Die Stahlträger halten und lassen sich gut vernieten.

Wenn auch die **nächsten fünf Stockwerke** so problemlos laufen, lasse ich die Korken knallen! Ich freue mich schon auf die Gesichter aus der Baubehörde. **Die werden Augen machen.** Von wegen, Häuser kann man nur aus Steinen bauen, nicht aber aus Stahl. Die haben lange gebraucht, um zu verstehen, dass **Häuser mit Stahlskelett viel leichter und stabiler** sind. Nur so lässt sich wirklich in die Höhe bauen.

Jedenfalls sehe ich keinen anderen Weg. **Und dieses Bürogebäude ist erst der Anfang.** Wenn Stadträte und Unternehmer erst einmal begreifen, was ab jetzt möglich ist, werden **die großen Städte in den Himmel wachsen.** Das ist nicht schwer vorherzusagen."

Der Architekt William Le Baron Jenney auf der Baustelle des von ihm entworfenen ersten Wolkenkratzers.

 Die Jenneys aus dem kleinen Städtchen Fairhaven in Massachusetts in den USA haben eine lange Tradition als Kapitäne und Reeder. Als am 25. September 1832 William Le Baron Jenney (1832–1907) geboren wird, haben die Eltern, denen eine Schifffahrtsgesellschaft gehört, keinen Zweifel daran, dass auch William einst einen Seefahrtsberuf wählen wird. Schon früh darf er an Bord der elterlichen Schiffe Seereisen unternehmen. Diese zum Teil abenteuerlichen Fahrten gefallen ihm, doch während seiner Schulzeit begeistert er sich immer mehr für die Mathematik. Schließlich geben seine Eltern nach und lassen ihn in Harvard und später sogar in Paris Architektur studieren.

Harvarduniversität: Hier studierte der erste Hochhausarchitekt der Welt.

Der erste Wolkenkratzer der Welt

Als 1861 der amerikanische Bürgerkrieg zwischen den Nord- und den Südstaaten ausbricht, kehrt William Jenney aus Frankreich zurück und bietet den Nordstaaten seine Unterstützung an. Den jungen Architekten können die Generäle gut gebrauchen, denn er kann hervorragende Festungen und andere Verteidigungsanlagen bauen. Nach dem Krieg, der 1865 mit dem Sieg der Nordstaaten endet, gründet Jenney ein Architekturbüro in Chicago. Anfangs kann er

Nach einem Großbrand 1871 musste Chicago wieder aufgebaut werden.

Mit William Jenney beginnt das Zeitalter der Hochhäuser in Chicago.

Stabilität durch Doppel-T-Träger

Doppel-T-Träger sind Bauelemente aus Stahl, die anstelle von Holzbalken verbaut werden. Sie haben einen Querschnitt wie zwei an den Füßen zusammengesetzte T. Daher stammt auch der Name. Dank dieser Form sind sie außergewöhnlich tragfähig.

nur wenige Aufträge an Land ziehen, doch als 1871 bei einem gewaltigen Brand 18.000 Häuser in Flammen aufgehen, muss halb Chicago wieder aufgebaut werden. Ein Grund für die größte Katastrophe der Stadt waren die vielen Holzhäuser. Die neue Stadt soll nun aus Stein errichtet werden. Doch der Boden am Ufer des Michigansees ist weich und fester Baugrund rar. Als einer der Ersten erkennt William Jenney, dass die Architektur neue Wege beschreiten muss. Leichtere und höhere Häuser müssen her. Allerdings kämpft er mehr als zehn Jahre, bevor er seine Idee eines modernen Hochhauses umsetzen kann. 1885 schließlich weiht er das neue Verwaltungsgebäude einer Versicherung ein. Statt der herkömmlichen schweren Mauern, die so stark sein müssen, dass sie die Decke und die darüberliegenden Stockwerke tragen, lässt Jenney erstmals ein Stahlskelett aus **Doppel-T-Trägern** errichten, deren Zwischenräume mit leichten Ziegeln gefüllt werden. Zehn Stockwerke ist das Gebäude hoch und wird als Wunder der Technik angesehen. Staunend stehen die Menschen vor dem 42 Meter hohen Bürogebäude und nennen es „Wolkenkratzer".

Amerikas Städte wachsen in die Höhe

Kaum zeigen sich die Vorteile von Jenneys Gebäude, setzen sich auch andere Architekten an ihre Schreibtische und berechnen die **Statik** von Hochhäusern. Dabei kommen sie zu einem verblüffenden Ergebnis.

Dank der Stahlträger können sie Häuser bauen, die 100 Meter oder sogar noch höher sind. Die Architekten sind hocherfreut über diese Entwicklung, denn die amerikanischen Großstädte wachsen mit bislang unvorstellbarer Geschwindigkeit. Rekordinhaberin ist die Stadt New York, wo im Jahr 1800 gerade einmal 88.000 Menschen leben. Hundert Jahre später sind es bereits 3,44 Millionen. Längst ist es ein großes Problem, all die Menschen unterzubringen. Da die Grundstückspreise ins Unermessliche steigen, liegt es nahe, in die Höhe zu bauen.

Der Alleskönner Stahl

Hat man bislang Häuser vor allem aus Lehm, gebrannten Tonziegeln, Natursteinen, Holz und Beton gebaut, so setzen die Architekten jetzt auf den neuen Alleskönner „Stahl". Beflügelt werden sie bei ihren neuen Entwürfen von einem Bauwerk, das zwischen 1887 und 1889 in den Pariser Himmel zu wachsen scheint: dem Eiffelturm.

Wunderwerk aus Stahl: Der Eiffelturm war die Sensation der Pariser Weltausstellung 1889.

Die Arbeiter, die die Stahlskelette der neuen Hochhäuser errichteten, mussten absolut schwindelfrei sein.

Er ist ganz aus vorgefertigten Stahlelementen gebaut und wird die Sensation der Weltausstellung von 1889.

Wie geht die Geschichte der ersten Wolkenkratzer weiter? 1890 löst das New York World Building mit 94 Metern schon Jenneys Haus als höchstes Gebäude ab. Vier Jahre später wird es vom Manhattan Life Insurance Building mit 106 Metern überrundet. 1899 folgt das Park Row Building mit 119 Metern. 1902 entsteht am Broadway in Manhattan das Fuller Building. Da der Architekt Daniel Burnham (1846–1912) nur ein schmales, dreieckiges Grundstück zur Verfügung hat, entwirft er ein dreieckiges Haus, das bis heute den scherzhaften Beinamen Flatiron Building („Bügeleisengebäude") trägt. Es ist zwar nur 87 Meter hoch, aber eine echte Attraktion.

Das 1908 fertiggestellte Singer Building ist mit 186 Metern schon ein richtiger Turm und sieht so aus, wie wir uns heute Wolkenkratzer vorstellen. Nur ein Jahr hält es den Rekord, denn nun wachsen die Häuser New Yorks immer schneller in den Himmel. Erst das 1931 eingeweihte 381 Meter hohe Empire State Building bleibt für eine sehr lange Zeit das höchste Gebäude der Welt. 1972 wird seine Höhe von den beiden Türmen des World Trade Centers (417 Meter) übertroffen.

Wie hoch kann man bauen?

Beim Hochbau kommt es keineswegs nur auf die Statik eines Gebäudes an. Denn mit wachsender Höhe wird aus einem Hochhaus eine eigene kleine Stadt, in der es Restaurants, Cafés, Kinos, eine eigene Feuerwehr, medizinische Einrichtungen, eine eigene Polizei und eine Vielzahl von Fahrstühlen gibt. Manche Hochhäuser haben sogar einen Generator im Keller, der das Gebäude versorgt, falls der Strom ausfällt. Mit Wasser für Schwimmbäder und Hunderte von Toiletten muss das Gebäude ebenfalls versorgt werden. Je höher ein Gebäude wird,

Ungewöhnlicher Anblick: das Flatiron Building in New York mit dreieckigem Grundriss

Das Empire State Building in New York verteidigte von 1931 bis 1972 den Titel des höchsten Gebäudes der Welt.

Blick von oben in die
Lobby eines Wolken-
kratzer-Hotels

In Australien geplant:
der „Melbourne-Turm"

umso länger dauert es, die dort arbeitenden oder wohnen-
den Menschen in ihre Räume zu befördern oder im Not-
fall möglichst schnell in Sicherheit zu bringen. Für
den Architekten spielt daher die Logistik eine große
Rolle. Dazu zählt alles, was für die Organisation
und Versorgung eines Hochhauses notwendig ist,
also etwa die Versorgung mit Strom, Gas und Wasser, die Belüftung oder Klimatechnik sowie die Ent-
sorgung des Mülls. Auch der Betrieb der Fahrstühle, der Brandschutz oder die Planung von Veran-
staltungen im Gebäude gehören dazu. Ein wichtiger
Bereich ist auch die Sicherheit. In vielen Wohn- und
Bürogebäuden kontrollieren Mitarbeiter einer Sicherheits-
firma schon im Eingangsbereich jeden, der das Gebäude
betreten will.

Trotz aller logistischen Herausforderungen geht der Wettlauf um die höchsten Gebäude weiter. Wenn 2009 der Burj Dubai („Turm von Dubai") fertiggestellt sein wird, wird er für einige Zeit das höchste Gebäude der Welt sein. Die genaue Höhe halten die Architekten noch geheim. Fest steht jedoch, dass der Burj Dubai mindestens 810 Meter erreichen soll. Jede zwanzigste Etage dient nur der Logistik des Turms, den viele den modernen **Turm zu Babel** nennen. In Japan und China sind noch höhere Wolkenkratzer geplant, die mehr als einen Kilometer hoch sein sollen und Platz für mehr als 80.000 Menschen bieten werden – so viele, wie im Jahr 1800 in ganz New York gelebt haben. Viele dieser Menschen werden diese senkrecht stehenden Städte die meiste Zeit über kaum noch verlassen.

Besucher bestaunen ein Modell des „Turms von Dubai".

Thema Turmbau zu Babel

Das Alte Testament berichtet von den Bewohnern der Stadt Babel, die in ihrer Überheblichkeit und Maßlosigkeit einen gewaltigen Turm bauen wollten, der bis in den Himmel reichen sollte. Als Gott jedoch den Turm wachsen sah, bestrafte er die Menschen für ihren Hochmut. Er ließ sie

plötzlich in verschiedenen Sprachen sprechen, sodass sie sich beim Bau des Turms nicht mehr verständigen konnten. Der Turm wurde nicht weitergebaut. Die Menschen jedoch verteilten sich über die Erde. So entstand die Vielfalt der Sprachen.

Der Wagen rollt
auch ohne Pferde

Wie das Auto die Menschen mobil machte

1885 in Mannheim

„**J**etzt steht er da, der Motorwagen. Patentiert, fahrbereit und herausgeputzt.** Doch nicht einmal ansehen wollen ihn die Leute. Auf diese Weise wird Carl nie auch nur einen Wagen verkaufen.

Spätestens in einem halben Jahr sind wir pleite. Aber was kann ich tun? **Man müsste den Wagen bekannt machen! Durch eine aufsehenerregende Fahrt.** Nach Pforzheim. Ja, ich könnte nach Pforzheim fahren. Das müsste zu schaffen sein. Dann kann jeder sehen, **was der Wagen meines Mannes in der Lage ist zu leisten.** Aber wissen braucht Carl es nicht, sonst hat er womöglich Bedenken. Am besten nehme ich die Kinder mit, so können die Menschen gleich sehen, wie ungefährlich der Wagen ist. Schon einmal habe ich Carl vor dem Ruin bewahrt. **Wieso soll es mir nicht ein zweites Mal gelingen?**"

Bertha Benz unternimmt die erste Langstreckenfahrt mit einem Auto.

Am 25. November 1844 bekommen in Karlsruhe der Lokomotivführer Johann Benz und seine Lebensgefährtin Josephine Vaillant einen Sohn. Sie geben ihm den Namen Carl Friedrich Benz (1844–1929) und heiraten. Wie der Vater will auch Carl einen technischen Beruf ergreifen und besucht als junger Mann die Technische Hochschule in Karlsruhe. Vor allem Motoren haben es ihm angetan. Und natürlich Bertha Ringer (1849–1944), eine junge Frau aus dem benachbarten Ladenburg, die Carl Benz 1872 heiratet. Wie gut diese Wahl tatsächlich ist, wird der junge Maschinenbauer erst später merken. Zunächst entwickelt er mit viel Mühe und großem Einsatz einen einfachen **Verbrennungsmotor**, der etwa ein halbes PS leistet. Doch was soll dieser Motor antreiben? Eine Kutsche natürlich. Benz ist allerdings nicht der Erste, der auf diese Idee kommt.

Der erste Autofahrer der Geschichte war eine Frau: Bertha Benz.

Unzähmbare Dampfwagen

Schon bald nach der Erfindung der Dampfmaschine denken gleich mehrere Erfinder an die Möglichkeit, einen Wagen mit Dampfkraft anzutreiben. Einer von ihnen ist der französische Offizier Nicholas Cugnot (1725–1804), der von der Armee den Auftrag erhält, ein Fahrzeug zu entwickeln, mit dem Kanonen ohne scheuende Pferde gezogen werden können. Cugnot baut daraufhin eine Dampfmaschine in einen Wagen ein, der zwar fährt, aber viel zu schwer und kaum zu lenken ist. Schon bei der ersten Fahrt 1769 rammt das schnaubende Ungetüm die Mauer einer Kaserne. Dennoch hat Cugnot bewiesen, dass Wagen mit Maschinenantrieb möglich sind. Auch der Engländer Richard

Wissen *spezial*

Verbrennungsmotor – so funktioniert's
Ein verdichtetes Gemisch aus Treibstoffgas und Luft wird im Inneren des Motors verbrannt. Die heißen Gase dehnen sich explosionsartig aus und treiben einen Kolben im Zylinder an. So wird Wärmeenergie in mechanische Energie umgewandelt, die über ein Getriebe die Fahrzeugräder antreibt.

Schwer zu bändigen: dampfgetriebene Fahrzeuge in einer satirischen Darstellung

Trevithik (1771–1833), der Erfinder der Eisenbahn, baut 1801 einen Dampfwagen, der den Namen „Puffing Devil", also „Schnaufender Teufel", erhält. Doch dieser und andere Dampfwagen können sich nicht durchsetzen. Die Dampfmaschine ist einfach zu groß und zu schwer zu beherrschen.

Der Ottomotor macht's möglich

Als jedoch der deutsche Maschinenbauer Nikolaus Otto (1832–1891) im Jahr 1876 den **Viertaktmotor** entwickelt, der nicht nur Gas, sondern auch Benzin als Treibstoff verbrennen kann, beginnt die Erfolgsgeschichte des Kraftwagens. Der Motor, der schon bald Ottomotor genannt wird, ist klein, leicht zu bedienen und daher bestens geeignet, einen Wagen anzutreiben. Dennoch konnten die frühen Autobauer zunächst noch keinen Durchbruch mit ihren Automobilen feiern. In Sachsen macht sich der Erfinder Louis Tuchscherer

---

Wissen *spezial*

Gas geben in vier Takten

Im Viertaktmotor wird das Luft-Treibstoffgas-Gemisch angesaugt (1. Takt) und im Zylinder verdichtet (2. Takt). Ein elektrischer Funke zündet das Gemisch, es verbrennt, dehnt sich aus und treibt einen Kolben im Zylinder an (3. Takt). Dann werden die verbrannten Abgase ausgestoßen (4. Takt).

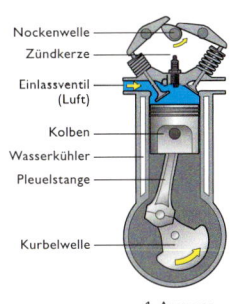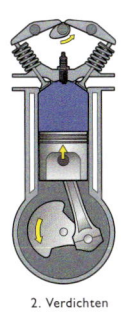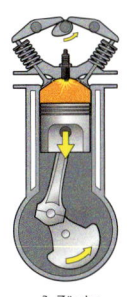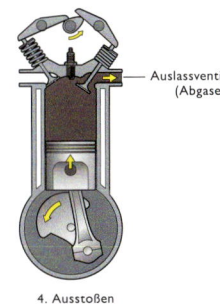

Nockenwelle
Zündkerze
Einlassventil (Luft)
Kolben
Wasserkühler
Pleuelstange
Kurbelwelle

Auslassventil (Abgase)

1. Ansaugen   2. Verdichten   3. Zünden   4. Ausstoßen

Funktionsweise von Nikolaus Ottos Viertakt-motor

(1847–1922) an die Arbeit und baut 1880 eine „Kutsche ohne Pferde", die von einem Motor angetrieben wird. Sein Fahrzeug funktioniert mehr schlecht als recht und wird kein Erfolg. Auch anderen Erfindern gelingt es nicht, alle Probleme zu lösen, die der Bau eines Motorwagens mit sich bringt. Denn außer einem Motor braucht man auch eine Gangschaltung, eine Lenkung und viele andere technische Einrichtungen.

Aber einer hat schließlich doch Erfolg, nämlich Carl Benz. Zu verdanken hat er dies nicht zuletzt seiner Frau

Ausflugsfahrt mit einem motorbetriebenen Wagen von Carl Benz

Was ist Benzin?

Benzin ist ein flüssiger Treib-stoff. Es wird aus Erdöl ge-wonnen, wobei man dieses auf 50 bis 200 Grad Celsius erhitzt. Benzin besteht vor allem aus Kohlenstoff und Wasserstoff. Der Name geht auf das arabische Wort „luban dschawi" zurück, was so viel wie „Weihrauch aus Jawa" bedeutet.

Bertha, die noch vor der Heirat ihr ganzes Geld in die Entwicklung steckt. Der Motorwagen, den Benz 1885 fertigstellt, hat zwar nur drei Räder, aber sonst alles, was ein echtes Automobil braucht. Der nochmals verbesserte Motor hat fast ein PS und läuft ausgezeichnet. Nur das von Carl und Bertha Benz erhoffte Geschäft bleibt aus. Niemand möchte den patentierten Motorwagen kaufen, der knatternd durch Mann-heim fährt. Ein Wagen ohne Pferde? Kann der nicht jederzeit stehen bleiben? Die Menschen sind misstrau-isch, und dem kleinen Unter-

Thema   **Pferdemist: ein echtes Großstadtproblem**

Um das Jahr 1900 wurden die Großstädte der Welt nur per Schiff, Eisenbahn und Pferdewagen versorgt. Dabei wuchsen die Pferde zu einem echten Problem heran. In New York verstopften zum Beispiel rund 200.000 Wagen die Straßen, deren Pferde täglich etwa 1100 Tonnen Mist und 270.000 Liter Urin hinterließen. Der Wind trocknete den Mist und trug ihn durch die Straßen. Mit ihm verbreiteten sich Krankheiten wie Tuberkulose, Typhus und Cholera. Fieberhaft suchte man nach einem Ausweg, doch auf das Auto kam man erst viel später.

nehmen droht die Pleite. Da hat Bertha Benz eine Idee. Am 5. August 1885 packt sie ihre Söhne Richard und Eugen, setzt sie in das Auto und fährt mit ihnen von Mannheim nach Pforzheim. Trotz schlechter Straßen schafft sie die 106 Kilometer mühelos und beweist so eindrucksvoll, was die Erfindung ihres Mannes kann. Das nötige **Benzin** kauft sie in der Apotheke, denn Tankstellen gibt es noch lange nicht. Ihre Werbefahrt ist bald in aller Munde, und die kleine Firma von Carl Benz wird eine große. 1889 zeigt er den Wagen sogar auf der Weltausstellung in Paris. Viele Franzosen bestellen sofort einen dieser sensationellen neuen Motorwagen.

Gottlieb Daimler und Wilhelm Maybach entwickelten das erste Zweirad mit Verbrennungsmotor.

Das Auto verdrängt die Pferde

Bald werden auch in anderen Ländern Autos gebaut. Noch sind sie sehr teuer und nur etwas für reiche Menschen. In einigen Städten, wie in London, dürfen sie zunächst gar nicht oder nur dann fahren, wenn ein Mann mit einer roten Fahne vor dem Auto herläuft. Doch zu Beginn des 20. Jahrhunderts wird langsam klar, dass das Auto ein schwieriges Problem der großen Städte löst: Die Verunreinigung mit **Pferdemist**, der kaum

Lastwagen lösen Kutschen als Transportfahrzeuge ab.

Werbeplakat für einen
Stanley-Dampfwagen

noch beseitigt werden kann. Die
Autos stinken zwar auch, lassen
aber nichts fallen. Statt Pferdewagen bringen nun
Lastwagen Waren und Baustoffe in die Städte und
holen den Müll ab. In Deutschland bleibt Carl Benz nicht
der einzige Entwickler von Automobilen. Die Ingenieure
Gottlieb Daimler (1834–1900) und Wilhelm Maybach
(1846–1929) zeigen auf der Pariser Weltausstellung ebenfalls einen Motorwagen und bauen um 1900 das erste
moderne Automobil. Bald werden auch Autorennen veranstaltet. Das erste führt 1894 von Paris nach Rouen. Das
Erstaunen des Publikums ist jedoch groß, denn bei vielen
Rennen siegen nicht Autos mit Verbrennungsmoto-
ren, sondern mit inzwischen verbesserten Dampfmaschinen. Der Grund ist einfach: Dampfmaschinen
haben zu dieser Zeit viel mehr PS als Ottomotoren
und brauchen kein **Getriebe**. 1906 erreicht ein
Dampfwagen der amerikanischen Firma Stanley
mehr als 205 Stundenkilometer. Erst 1911 kann ein
Benz-Rennwagen diesen Rekord brechen.

Wissen spezial

Was macht ein Getriebe?
Ein Getriebe besteht aus
Zahnrädern, die mit einem
Schalthebel miteinander
kombiniert werden können.
Die Kombinationen, Gänge
genannt, sorgen dafür, dass
die Drehgeschwindigkeit
oder Drehzahl des Motors
im richtigen Verhältnis auf
die Antriebsräder übertragen wird.

Erfolg vom laufenden Band
Einen anderen Rekord bricht der amerikanische
Autohersteller Henry Ford (1863–1947). Schon
lange hat er nach Möglichkeiten ge-
sucht, sein erfolgreiches Modell T,
ein einfaches Auto für jedermann,
noch kostengünstiger herzustellen.
Denn die ersten Autos sind
teuer. Sie werden anfangs
nicht in Fabriken ge-
baut, sondern in großen

Fords erfolgreiches
Modell T gab es auch
als Lieferwagen.

Die Manufaktur von
Henry Ford in Detroit

Werkstätten einzeln zusammengesetzt. Als Ford in Schlacht-
höfen das Fließband entdeckt, hat er die Lösung gefunden.
Ab 1913 lässt er auch seine Autos von Arbeitern am Fließband herstellen. Dabei werden die Werkstücke in der Mon-
tagehalle in gleichmäßigen Abständen von
einem zum nächsten Arbeitsplatz befördert.
Jeder Arbeiter erledigt nur wenige, aber
immer dieselben Handgriffe. So kann Ford
die Kosten deutlich senken. Schon im Jahr
1918 ist jedes zweite in den USA verkaufte
Auto ein Ford Modell T. Insgesamt 15 Millionen Mal wird dieser Ford bis 1927 verkauft und macht das
Auto endgültig zu einem Massenprodukt, das bis heute die
Wirtschaft und den Verkehr auf der ganzen Welt prägt.

Das Modell T war in den
1920er-Jahren für nur
370 Dollar zu haben.

Es werde **Licht**

Die Welt wird elektrifiziert

1893 in Chicago

„Sie kennen das Angebot von Edison. Er ist davon überzeugt, dass nur sein Gleichstrom für die Versorgung der rund 200.000 Lampen infrage kommt."

„Dennoch sind meine Generatoren und mein **Wechselstrom** seinem System überlegen."

„Das mag ja sein, verehrter Tesla, doch bin ich in diesen technischen Dingen nicht so bewandert, um die Unterschiede beurteilen zu können."

„Einfach ausgedrückt, lässt sich **Gleichstrom** nur schwer über große Entfernungen befördern. Sie brauchen dicke und teure Kabel. Für meinen Wechselstrom verwende ich dünne, sehr gewöhnliche Kabel. Daher kann ich Ihnen ein Angebot machen, das eine halbe Million unter dem von Edison liegt."

„Das ist ein Argument. Sie haben den Zuschlag!"

Nikola Tesla überzeugt den Leiter der Weltausstellung, die elektrische Beleuchtung der Ausstellungshallen mit seinem Wechselstromsystem auszustatten.

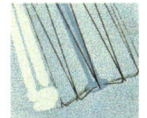

Der aus Serbien stammende Ingenieur Nikola Tesla (1856–1943) hat keinen Pfennig in der Tasche, als er 1884 mit dem Schiff nach New York fährt. In Paris hat er einige Zeit für die Firma des berühmten amerikanischen Erfinders Thomas Alva Edison (1847–1931) gearbeitet. Nun hofft er, in Edisons Firma in New York eine Anstellung zu finden. Dabei kommt es ihm gar nicht so sehr auf das Geld an, das Edison zu bieten hat, sondern auf die Möglichkeit, seine Ideen zu verwirklichen. Denn davon hat Tesla gleich eine ganze Reihe. Vor allem interessiert ihn die Nutzung des elektrischen Stroms, mit dem er Elektromotoren und andere Geräte betreiben will. Schon in Paris hat er mit kleinen Motoren experimentiert, die ihm vor allem eines klargemacht haben: Der Strom, der sie am besten in Bewegung setzt, ist **Wechselstrom**. Davon will er auch Edison überzeugen.

Thomas Alva Edison, der Erfinder der ersten brauchbaren Glühlampe

Gleichstrom oder Wechselstrom?

Doch das ist gar nicht so einfach. Der berühmte Erfinder stellt ihn zwar ein und lässt ihn in seinem Labor forschen, doch vom Wechselstrom lässt sich Edison nicht überzeugen. Für ihn gehört dem Gleichstrom die Zukunft. Trotzdem entwickelt Tesla einen Generator, der Wechselstrom erzeugt. Als Edison ihn empört ablehnt, verkauft Tesla die Patente an dem neuen Generator an George Westinghouse (1846–1914), einen Konkurrenten von Edisons Firma. Nun ist der Erfinder erst recht

Was ist Wechselstrom?
Beim Wechselstrom wechseln Stärke und Richtung regelmäßig. Er wächst von null auf einen Höchstwert an, sinkt wieder auf null zurück, wechselt die Richtung, erreicht wieder einen Höchstwert und geht auf null zurück. Beim Gleichstrom bleibt die Richtung dagegen immer gleich.

Die Weltausstellung 1893 in Chicago war ein großer Erfolg für den Erfinder Nikola Tesla.

wütend und trennt sich im Streit von Tesla, der 1885 zu Westinghouse wechselt. Sein neuer Arbeitgeber ist ein begeisterter Verfechter des Wechselstroms und lässt Tesla weitere Generatoren und **Transformatoren** entwickeln. Immer stärker bekämpfen sich in den folgenden Jahren Edison, der auf Gleichstrom setzt, und Westinghouse, der zusammen mit Tesla den Wechselstrom für den richtigen

Weg hält. Die Weltausstellung 1893 in Chicago entscheidet schließlich diesen „Stromkrieg", wie die Zeitungen den Erfinderwettstreit nennen. Da Teslas System billiger ist und zuverlässig funktioniert, werden die Lampen, die die Ausstellung beleuchten, mit Wechselstrom betrieben. Die Folgen dieser Entscheidung sind weitreichend, denn der Wechselstrom wird sich weltweit durchsetzen.

Mit Plakaten wurde für die sicheren Glühbirnen geworben.

Das Jahrhundert der Elektrizität

Das Ergebnis kann sich sehen lassen und leuchtet den Ausstellungsbesuchern ein. Noch dazu können sie auf der weltgrößten Technikmesse eine ganze Reihe von neuen technischen Geräten bestaunen, die mit Wechselstrom betrieben werden: Pumpen, Bohrmaschinen, Fahrstühle und elektrische Lokomotiven. Wer den Rundgang durch die riesigen Hallen beendet und die zahlreichen Generatoren und Maschinen gesehen hat, der ist überzeugt davon, dass das 20. Jahrhundert das der Elektrizität wird. Für besondere Begeisterung sorgen die elektrischen Lokomotiven, die zunächst Straßenbahnen und U-Bahnen ziehen.

Dieser elektrisch betriebene Fahrstuhl wurde 1900 auf Helgoland errichtet.

Die erste praktisch verwendbare Elektrolok wird 1879 von dem deutschen Ingenieur und Unternehmer Werner Siemens (1816–1892) gebaut und bei einer Gewerbeschau in Berlin vorgeführt. Im selben Jahr stellt Siemens auch die erste elektrische Straßenbeleuchtung vor. Die Glühbirne stammt jedoch nicht von ihm, sondern von Thomas Edison. Der hat sie zwar auch nicht erfunden, aber erfolgreich weiterentwickelt. Außerdem

Wie funktioniert eine Glühbirne?

Eine Glühbirne besteht aus einem Glaskolben, der mit einem sauerstofffreien Gas gefüllt ist. Der Strom wird über die Fassung durch einen dünnen Glühfaden aus hitzefestem Metall geleitet, der so heiß wird, dass er glüht. Verbrennen kann er jedoch nicht.

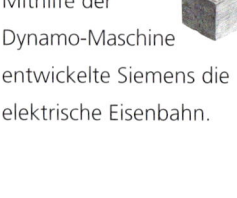

Mithilfe der Dynamo-Maschine entwickelte Siemens die elektrische Eisenbahn.

versieht er sie mit einem Gewinde, sodass sie schnell und einfach auszuwechseln ist. Ab 1880 kann die **Glühbirne** in immer größeren Stückzahlen hergestellt werden und ist bald billiger als das bis dahin übliche Gaslicht. Doch wer elektrisches Licht in seiner Wohnung haben will, braucht einen Stromanschluss, also Leitungen, die in die Wohnung führen. Außerdem muss natürlich ein Kraftwerk vorhanden sein, das für den nötigen Strom sorgt. Eine ganz neue Industrie entsteht, die Kabel, Strommasten, Generatoren und Transformatoren herstellt. Zunächst richten Edison, Siemens und andere Entwickler in verschiedenen Städten Kraftwerke ein, in denen Dampfmaschinen die Generatoren antreiben. Anfangs werden nur einige Straßen verkabelt, später folgen ganze Stadtteile. Statt es mühsam zu entzünden, knipst man das Licht einfach mit einem Schalter an. Sehr schnell gewöhnen sich die Menschen an diese einfache und ungefährliche Art, Licht zu machen. Ganz verschwunden ist die Gasbeleuchtung jedoch bis heute nicht. In Berlin zum Beispiel gibt es 2005 noch rund 44.000 Gaslaternen.

Elektrische Fortbewegungsmittel

Auch die Straßenbahnen, die nicht von Pferden oder Dampflokomotiven gezogen werden, begeistern die Menschen in den Städten. Noch beeindruckender ist die erste elektrisch betriebene U-Bahn, die 1890 in London ein-

Eine Probefahrt mit der ersten U-Bahn der Welt in London

geweiht wird. Elektrizität wird zum Zauberwort, denn mit ihr scheint alles möglich. Immer öfter sind nun die Schlagzeilen der Zeitungen den neuen elektrischen Erfindungen gewidmet. So erregt die elektrische Treppe, die auf der Weltausstellung 1896 in Chicago gezeigt wird, großes Aufsehen. Sie ist noch eine schräge Endloskette von Platten, aber ohne Stufen. Die Rolltreppe mit waagerechten Stufen wird erstmals 1911 gebaut und bald weltweit vor allem in Kaufhäusern eingesetzt. Der ebenfalls in Chicago ausgestellte rollende Bürgersteig bleibt jedoch ohne Folgen. Die Anschaffung ist den Städten zu teuer. Aber immerhin können sich die Besucher die Ausstellung ansehen, ohne einen Schritt zu gehen. Über 1300 Meter fährt sie der rollende Bürgersteig, und das auch noch in zwei Geschwindigkeiten, nämlich mit fünf und zehn Stundenkilometern.

Elektrisch betriebenen, rollenden Bürgersteigen sollte die Zukunft gehören.

Elektrisches Licht
erstrahlte in Theatern
und auf Boulevards.

Die Welt wird heller

Die Bürgersteige der großen Städte bleiben zwar unbeweglich, dafür erstrahlen immer mehr Geschäfte im neuen Glanz. Elektrisches Licht eignet sich nämlich nicht nur

für das Wohnzimmer, sondern auch für die Beleuchtung von Schaufenstern und als Lichtreklame. Innerhalb weniger Jahre verschwinden die Gaslaternen aus London, New York und Berlin. Statt ihres eher trüben Lichts sind die großen Geschäftsstraßen nun in ein Lichtermeer getaucht. Die Theater- und Opernhäuser werben nicht nur mit bunten Lichtern, ihre Bühnen sind plötzlich so gut beleuchtet wie nie zuvor. Der Strom aus immer mehr Kraftwerken macht so die Nacht zum Tag und lädt zum abendlichen Bummeln ein. Nach und nach folgt auch das Land. Hier bauen die Ingenieure nicht nur mit Dampf betriebene Kraftwerke, sondern nutzen auch die Wasserkraft: Große Stauseen werden angelegt, aus denen Wasser ins Tal fließt, um Turbinen, eine Art Schaufelräder, und mit diesen wiederum Generatoren anzukurbeln, die Strom erzeugen. Der Architekt **Herman Sörgel** plant bei der Halbinsel Gibraltar sogar einen Riesenstaudamm, der Mittelmeer und Atlantik voneinander trennen soll.

Gleichzeitig wird das Stromnetz immer dichter und überzieht Land für Land mit immer mehr Leitungen. Strommasten schießen wie Pilze aus dem Boden, während über und auf den Dächern der Städte die zahllosen Stromleitungen den Blick auf den Himmel verwehren. Dafür ist es nachts jetzt umso heller.

Strom durch Wasserkraft: der Glen Canyon Dam in Arizona

Thema | **Herman Sörgels Atlantropa – Energie für die Zukunft**

In den 1920er-Jahren befürchten viele Menschen, dass in Zukunft Energie und fruchtbares Land knapp werden. Da hat der deutsche Architekt Herman Sörgel (1885–1952) eine Idee: Er schlägt vor, bei Gibraltar einen Staudamm zu bauen, der das Mittelmeer vom Atlantik trennt. Dadurch würde das Mittelmeer langsam austrocknen und fruchtbares Neuland entstehen. Der Staudamm würde genügend Energie für ganz Europa und Afrika erzeugen. Die beiden zusammenwachsenden Erdteile sollten „Atlantropa" heißen. Gebaut wurde der Staudamm jedoch nie.

Der Blick in den Körper

Röntgenapparat & Co. revolutionieren die Medizin

1895 in Würzburg

„Du musst deine Hand ganz ruhig halten, Anna. Es wird nämlich ein bisschen dauern, bis die Fotoplatte belichtet ist. Dann wird sich zeigen, ob sich die unsichtbaren Strahlen wie Lichtstrahlen verhalten. Ich bin mir aber sicher, dass wir die Knochen deiner Hand fotografisch werden festhalten können. Stell dir das mal vor, mit den neuen Strahlen können wir in den Körper hineinsehen. Ich weiß es von den Versuchen, die ich in den letzten Tagen gemacht habe. Und dabei habe ich nur einige Edelgase mittels Strom untersuchen wollen. Doch als ich die neue Röhre einsetzte, begann plötzlich dieses Papier zu leuchten. So, 20 Minuten dürften reichen. Du bist befreit. Wenn deine Knochen auf der Platte zu sehen sind, wird die Physik die Medizin verändern."

Wilhelm Conrad Röntgen fertigt das erste Röntgenbild der Geschichte an.

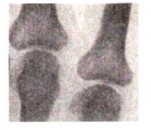

Wilhelm Conrad Röntgen (1845–1923) muss kurz vor dem Abitur wegen eines Streiches, den er gar nicht begangen hat, die Technische Schule in Utrecht verlassen. Doch Röntgen gelingt es, auch ohne Abitur in Zürich Maschinenbau zu studieren. Nach dem Abschluss schreibt er eine Doktorarbeit über die Eigenschaften verschiedener Gase. Auch als er 1875 zum Professor der Physik und Mathematik ernannt wird, erforscht er weiterhin Gase, vor allem Edelgase wie Helium, Neon, Krypton und Xenon. Diese Gase brennen nicht und gehen mit anderen Stoffen fast keine chemischen Verbindungen ein.

Röntgen interessiert vor allem, was passiert, wenn er Edelgase einer hohen elektrischen Spannung aussetzt. Dazu experimentiert er mit einer **Kathodenstrahlröhre**, in die er das stark verdünnte Gas pumpt und mithilfe von Strom zum Leuchten bringt. Am 8. November 1895 macht er eine erstaunliche Entdeckung: Als er die Kathodenstrahlröhre einschaltet, beginnt ein neben der Röhre liegendes Blatt Papier zu leuchten. Es war für ein anderes Experiment mit einem Material bestrichen worden, das aufleuchtet, wenn es den Strahlen ausgesetzt wird. Das Papier leuchtet auch noch, als Röntgen die Röhre mit Pappe abdeckt. Für ihn gibt es nur eine Erklärung: Eine bislang unbekannte Art von Strahlen muss von der Röhre ausgehen. Er nennt sie X-Strahlen.

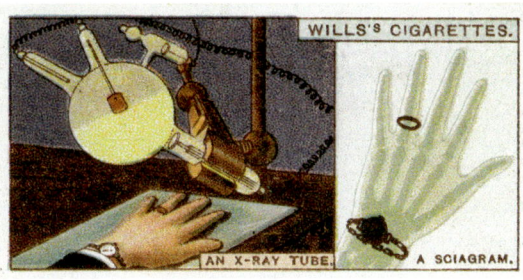

Die erste Röntgenaufnahme der Geschichte

Mit diesem Funkeninduktor experimentierte Röntgen.

114

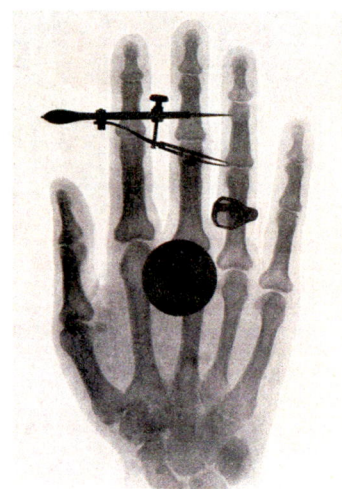

Röntgens Aufnahme von
der Hand seiner Frau

Ein Traum der Medizin wird wahr

Röntgen macht sofort weitere Experimente und findet sehr schnell heraus, was diese Strahlen können. Neugierig hält er verschiedene Materialien und Gegenstände zwischen die Röhre und einen Schirm. Zuerst Papier, dann Holz. Nur Blei können die Strahlen nicht durchdringen. Dafür aber seine Hand. Obwohl Röntgen kein Mediziner ist, weiß er genau, was das bedeutet: Plötzlich können Ärzte in den Körper hineinschauen wie in ein Buch. Jeden Knochenbruch können sie mühelos aufspüren,

Thema | **Autopsien – Medizintechnik früher**

Wer einen kranken Menschen heilen will, muss wissen, wie sein Körper funktioniert. Das wussten schon die Ärzte in der Antike wie Hippokrates von Kós (460–375) oder Galenos von Pergamon (129–199). Sie nahmen Autopsien vor, öffneten also nach dem Tod eines Menschen die Leiche.

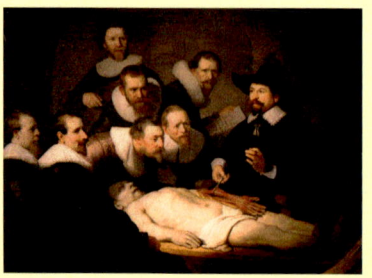

So konnten sie die Lage der Organe, ihre Funktion und Krankheiten untersuchen. Auch die Verletzungen, die sich Gladiatoren bei Kämpfen zugezogen hatten, untersuchten sie genau. Das so gewonnene Wissen nutzten sie, um Kranken und Verwundeten zu helfen.

jeden Schatten auf der Lunge entdecken. Bislang war dies so nur durch eine **Autopsie** möglich. Innerhalb von zwei Monaten verbessert Röntgen seinen Versuchsaufbau und stellt ihn seinen Kollegen an der Universität in Würzburg vor. Die Wissenschaftler sind so überwältigt und begeistert, dass sie die Vorführung mehrfach unterbrechen, von ihren Sitzen aufspringen und applaudieren. Über Nacht wird Röntgen weltberühmt. Jede Zeitung berichtet über seine X-Strahlen. Sogar Kaiser Wilhelm II. lässt sich von Röntgen die Strahlen vorführen. Der Erfinder aber bleibt bescheiden und verzichtet sogar auf ein Patent und somit auf viel Geld. „Meine Erfindungen gehören der Allgemeinheit", erklärt er. So bauen in der ganzen Welt viele Firmen Röntgenapparate. Endlich können Ärzte in den Körper hineinsehen und sichere Diagnosen bei Knochenbrüchen und inneren Erkrankungen stellen. Dafür wird Wilhelm Röntgen 1901 mit dem Nobelpreis für Physik ausgezeichnet. In seinem Testament verfügt er, dass die Strahlen nicht nach ihm benannt werden, sondern X-Strahlen heißen sollen. Doch in Deutschland heißen sie bis heute Röntgenstrahlen. Dass diese Strahlen auch gefährlich sind, entdecken

Eine Gedenkmünze erinnert an Röntgens Entdeckung.

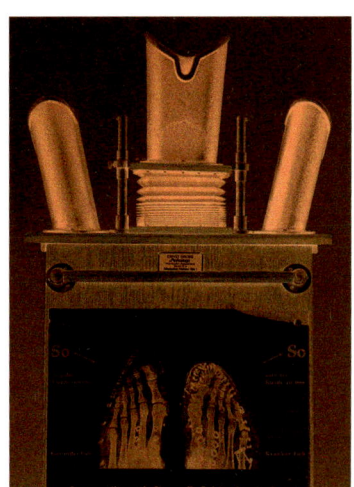

Mit Röntgenstrahlen die Passgenauigkeit von Schuhen testen

Ein Stethoskop von Laënnec von 1819

Wissenschaftler erst viel später. Röntgenstrahlen können nämlich Krebs und andere Krankheiten auslösen, wenn sie nicht vorsichtig genug eingesetzt werden.

Herztöne hören und Blutdruck messen

Diese Gefahr besteht bei der einfachen und kleinen Erfindung nicht, die der französische Arzt René Théophile Hyacinthe Laënnec (1781–1826) einige Zeit vor Wilhelm Röntgen macht. Er will die Herztöne seiner Patientinnen hören, ohne sein Ohr auf die nackte Brust zu legen. So kommt er 1816 auf die Idee, für die Untersuchung ein Blatt Papier zu einem Rohr zusammenzurollen. Sofort bemerkt er eine unvermutete Eigenschaft des einfachen Hilfsmittels: Die Töne erreichen nun gebündelt und ohne Störgeräusche sein Ohr. Laënnec erkennt sofort die enormen Möglichkeiten und experimentiert mit Röhren aus Holz, die den Namen **Stethoskop**, übersetzt „Gerät zur Untersuchung der Brust", erhalten. In mehreren Büchern beschreibt er seine Erfahrungen beim Abhören von Herz- und Lungentönen. Bald ist er ein anerkannter Experte für Lungenkrankheiten und wird 1823 zum Professor ernannt.

Genauso wichtig wie Herztöne und Lungengeräusche ist der Blutdruck. Doch wie soll man den Druck des in den Arterien und Venen strömenden Blutes messen? Der Arzt Karl von Vierordt (1818–1884) hat im Jahr 1854 die richtige Idee. Er baut ein Gestell, in das der Arm des Patienten gelegt wird. Mithilfe von kleinen Gewichten kann er nun einen gezielten Druck auf die Arterie ausüben. Von Vierordt setzt sich neben den Patienten und prüft,

Die Untersuchung eines Patienten mit einem Stethoskop war ein großer Fortschritt in der Medizin.

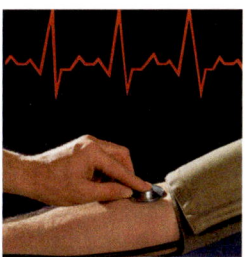

Blutdruckmessen mit moderner Technik

welcher Druck notwendig ist, um die Blutzirkulation in der Arterie zu stoppen. Je nach Höhe des Blutdrucks muss er mehr oder weniger Druck erzeugen. So kann von Vierordt den Blutdruck des Patienten ungefähr ermitteln. Eine Skala zeigt den Wert an. Zwar ist dieses Gerät unbequem und noch fehlerhaft, aber es funktioniert: Unter dem Namen Sphygmograph, auf Deutsch „Pulsschreiber", wird es von vielen Ärzten nachgebaut und weiterentwickelt. Denn der Blutdruck liefert wichtige Aussagen über die Leistungsfähigkeit des Herzens und die Funktion des Blutkreislaufs. Modernere Geräte können später auch noch gleichzeitig den Puls messen und auf ein Papierband aufzeichnen.

Das Herz wird belauscht

Wie aber können Ärzte etwas über das Herz erfahren? Vor allem, warum es schlägt? Mithilfe von Froschschenkeln.

Luigi Galvani führt seinen Froschschenkelversuch vor.

Die schließt der italienische Arzt Luigi Galvani (1737–1798) an eine Stromquelle an und stellt fest, dass sich die Muskeln bewegen, obwohl der Frosch tot ist. Für ihn gibt es nur eine Erklärung: Muskeln bewegen sich, weil sie elektrische Signale erhalten. Galvanis Kollege Carlo Matteucci (1811–1868) kommt daher auf die Idee, dass auch die Herzmuskeln elektrisch gesteuert werden. Messen oder aufzeichnen kann er diese kleinen Stromstöße jedoch nicht, denn es gibt noch keine passende Technik. Das gelingt erst dem Engländer Augustus Waller (1856–1922).

Er klebt zwei Kontakte, Elektroden genannt, auf Brust und Rücken eines Patienten und kann mit einer einfachen Apparatur 1887 erstmals die elektrischen Signale eines menschlichen Herzens beobachten. Die Herzschläge werden in Form von Zacken und Kurven auf einem Papierstreifen aufgezeichnet. Zwei Jahre später führt Waller seine noch ungenaue Apparatur auf einem internationalen Medizi-

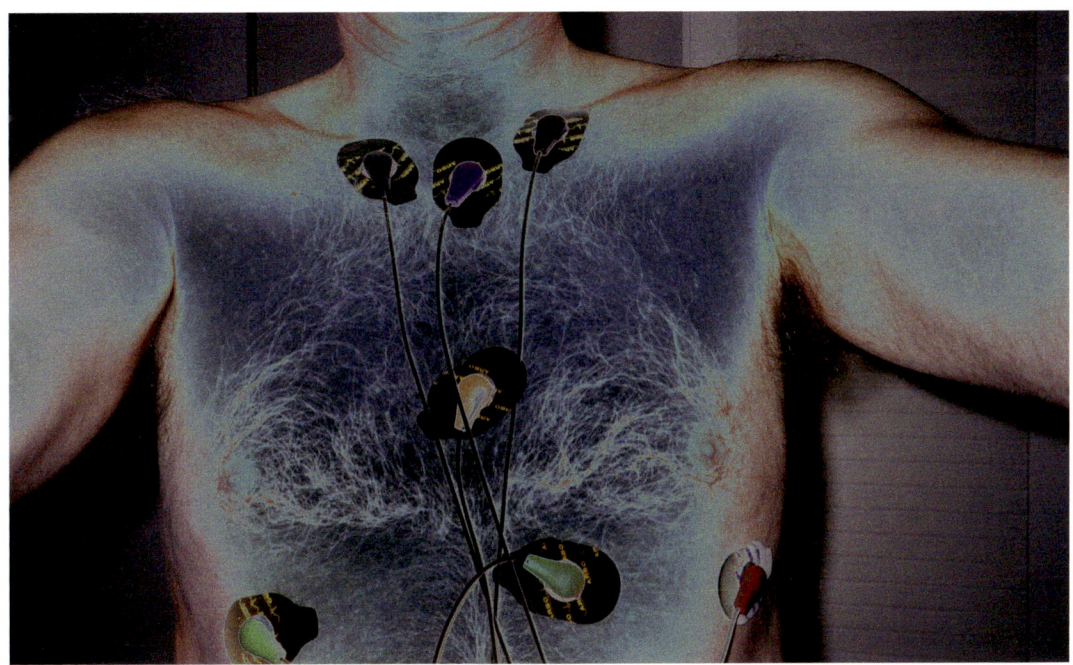

Elektroden leiten beim EKG elektrische Signale des Herzens weiter.

nerkongress vor. Die anwesenden Ärzte sind beeindruckt. Endlich können sie sehen, was sie eigentlich nicht sehen können, nicht einmal mit einem Röntgenapparat: das schlagende Herz eines Menschen. Die Kurven, die die Apparatur aufzeichnet, werden Elektrokardiogramm (EKG) genannt. Doch nicht nur das Herz, auch das Gehirn sendet elektrische Signale aus, die Hirnströme. 1924 entwickelt der deutsche Arzt Hans Berger (1873–1941) das Elektroenzephalogramm (EEG) und macht damit bisher verborgene Aktivitäten des Gehirns sichtbar. Zusammen mit dem Röntgenapparat, dem Stethoskop und dem Blutdruckmessgerät zählen EKG und EEG zu den wichtigsten Apparaten der Medizin, die Millionen von Menschen das Leben retten.

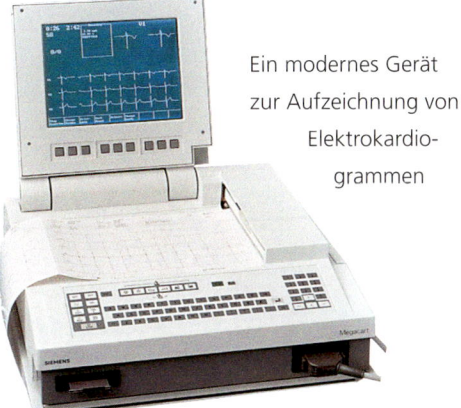

Ein modernes Gerät zur Aufzeichnung von Elektrokardiogrammen

Der Trick mit dem Taschentuch

Von der Erfindung nützlicher Haushaltshelfer

1901 in London

„Diese Amerikaner. Wollen unserer königlich-britischen Eisenbahn doch tatsächlich **ein Reinigungsgerät** verkaufen, **das den Staub von den Polstern bläst.** Und wo landet dieser Staub? Auf anderen Polstern natürlich. So ein Unfug! **Aufsaugen müsste man den Staub.** Und zwar so, dass er aus der Luft herausgefiltert und im Gerät gesammelt wird. Am besten in einer Art Beutel. Als Filter könnte vielleicht sogar ein gewöhnliches Taschentuch ausreichen. So eines wie dieses hier. Aber wie kann ich das herausfinden? Da gibt es wohl nur einen Weg: **Runter auf den Teppich, Taschentuch vor den Mund und saugen!** Das erspart mir aufwendige Experimente. Ausgeatmet, und los geht es! So, das Taschentuch wieder aus dem Mund. Tatsächlich, es ist voller Staub. **Ein entsprechendes Gerät muss doch zu bauen sein!"**

Der britische Ingenieur Hubert Cecil Booth erfindet den Staubsauger.

 Der englische Ingenieur Hubert Cecil Booth (1871–1955) ist ein viel beschäftigter Mann, der sich vor Aufträgen kaum retten kann. Seine Spezialität sind Brücken aus Stahl. In Wien baut er 1896 das schon bald weltberühmte Riesenrad im Prater, das zu einem der Wahrzeichen der Stadt wird. Auch wenn es darum geht, eine neue Erfindung zu beurteilen, wird Booth gerne gerufen, so auch an einem warmen Frühjahrstag des Jahres 1901. Eingeladen hat ihn die britische Eisenbahn, die ein neuartiges Reinigungsgerät von einer amerikanischen Firma kaufen möchte. Gespannt beobachtet er, wie die Vertreter dieser Firma ihr Gerät in einem Londoner Bahnhof auspacken und in einem Waggon in Betrieb nehmen. Es ist eine Art Ventilator, der die Sitzpolster vom Staub befreien soll. Über diese Erfindung kann er nur den Kopf schütteln. Denn das amerikanische Gerät hat einen wesentlichen Fehler: Es bläst, anstatt zu saugen. Wieder zurück in seiner Wohnung, hat Booth eine Idee.

Staubsaugermodell aus den 1930er-Jahren

Staubsauger auf dem Vormarsch

Während Booth am Entwurf einer neuen Brücke arbeitet, konstruiert er nebenbei den ersten funktionierenden Staubsauger und lässt ihn im August 1901 in England patentieren. Sein Gerät ist allerdings ein unhandliches und so schweres Ungetüm, dass es auf einem Pferdewagen von Haus zu Haus gefahren werden muss. Vor Ort wird eine Schlauchleitung in die Wohnung gelegt und die **elektrische Pumpe** auf dem Wagen eingeschaltet. Staubsaugen war damals ein echtes Ereignis. Viele Bürger nehmen trotz der Umstände den neuartigen Dienst ger-

Wissen *spezial*

Der Trick mit der elektrischen Pumpe
Die elektrische Pumpe ist ein kleiner Propeller, der die Luft aus dem Inneren des Staubsaugers nach außen pustet. Im Inneren entsteht so ein Unterdruck, also ein Vakuum, das durch den Schlauch Luft und mit ihm den Staub ansaugt.

ne in Anspruch. Booth entwickelt später ein tragbares Gerät für den Haushalt, das 1906 auf den Markt kommt, aber immer noch doppelt so groß und so schwer ist wie unsere heutigen Staubsauger.

In den USA erfindet 1907 der Hausmeister James Murray Spangler ebenfalls einen Staubsauger, kann ihn jedoch nicht herstellen. Daher verkauft er sein Patent an die Firma des Lederfabrikanten William Hoover, dem es gelingt, aus dem Staubsauger ein erfolgreiches Produkt zu machen. Bald ist ein Staubsauger kein Luxus mehr, sondern gehört zu jedem modernen Haushalt.

Ab jetzt wäscht die Maschine

Der Staubsauger ist nicht das einzige Haushaltsgerät, das im 20. Jahrhundert den Alltag der Menschen verändert und die **Hausarbeit** vor allem im Vergleich zu früheren Zei-

| Thema | Schweißtreibend: Hausarbeit früher |

*B*evor moderne Haushaltsgeräte erfunden wurden, musste die gesamte Hausarbeit von Hand erledigt werden. Schwere Teppiche wurden regelmäßig aus der Wohnung getragen und mühsam ausgeklopft. Schmutzige Wäsche weichten die Hausfrauen

zunächst stundenlang ein. Anschließend stampften und kneteten sie sie mit den Händen in kochend heißer Lauge. Besonders schmutzige Stellen wurden über ein Waschbrett aus Metall gerieben. Mit diesen Arbeiten waren viele Hausfrauen den ganzen Tag beschäftigt.

Schülerinnen einer Haushaltsschule um 1925 in Berlin

ten erleichtert. Die wahrscheinlich wichtigste Maschine ist die Waschmaschine, die ein stundenlanges Waschen und Auswringen der Wäsche überflüssig macht. Von Hand betriebene Maschinen gibt es allerdings schon länger, etwa die **Rührflügelmaschine** des Regensburger Pastors Jakob Christian Schäffer (1718–1790). Sogar ein Buch hat der seinerzeit bekannte Forscher 1767 über seine Erfindung geschrieben: „Die bequeme und höchstvorteilhafte Waschmaschine". Fast wie von selbst soll das Waschen mit dieser Maschine gehen, doch muss die Hausfrau noch immer viel Zeit und Kraft aufwenden. Das ändert sich erst, als Strom in die Haushalte kommt. Die erste elektrische Waschmaschine wird 1901 von dem Amerikaner Alva Fisher gebaut. Sie ist jedoch sehr schwer und so teuer, dass nur ganz wenige Familien sie sich leis-

Wissen *spezial*

Die Rührflügelmaschine bewegt die Wäsche
Die ersten Waschmaschinen bestanden aus einem oben offenen Bottich, in den man Wasser, Seife und die Wäsche füllte. Dann wurde von oben eine Art Propeller, der sogenannte Rührflügel, auf den Bottich gesetzt und mit einer Kurbel in Bewegung gesetzt.

ten können. Daran ändert sich auch in den nächsten Jahrzehnten nicht viel. In den 1950er-Jahren sind die Maschinen noch immer kaum bezahlbar. Statt sie zu kaufen, mieten viele Familien tageweise eine Waschmaschine, die mit einem kleinen Lieferwagen vor die Haustür gebracht und in der Küche oder einem Wirtschaftsraum aufgestellt wird. Das klingt zwar umständlich, spart aber doch eine ganze Menge Zeit. Und genau darauf kommt es bei Haushaltsgeräten an. Denn die Hausfrauen sind mehr und mehr der vielen Hausarbeit überdrüssig, die ihnen die Männer einfach überlassen. Außerdem wollen auch sie einen Beruf ausüben und Geld verdienen. Moderne Haushaltsmaschinen schaffen mehr freie Zeit und tragen dazu bei, dass viele Frauen ihre Wünsche in die Tat umsetzen können. Noch einfacher wird das Waschen durch Waschmaschinen mit einem automatischen Programm, die in den 1960er-Jahren auf den Markt kommen. Nun werden die Maschinen auch langsam billiger und stehen bald in fast jedem Haus.

Waschmittelreklame aus den 1920er-Jahren

Waschmaschine der 1950er-Jahre: Modern im Vergleich zur Kugelwaschmaschine von 1925 (Bild oben)

Bügeleisen, Toaster und Co.

Auch das Bügeleisen gibt es schon lange, bevor elektrisch betriebene erfunden werden. Bereits im 15. Jahrhundert glätten Waschfrauen die noch feuchte Wäsche mit Messingplatten, an denen Griffe befestigt sind. Diese ersten Bügeleisen müssen vorsichtig über einem offenen Feuer erhitzt werden. Später fertigten Schmiede Bügeleisen an, die einen Hohlraum besitzen, in den glühende Kohlen gefüllt werden. Allerdings müssen die Waschfrauen aufpassen, dass diese Eisen nicht zu heiß werden und die Wäsche in Brand setzen. Wegen der glühenden Kohlen lässt sich die Hitze nur schwer einstellen. Das geht natürlich mit elektrischen Bügeleisen wesentlich besser. Entwickelt werden sie schon um 1880 von verschiedenen Handwerkern und Bastlern in Deutschland, Frankreich, England und anderen Ländern. Denn schon bald nach der Erfindung des **Generators** und der Verbreitung der Elektrizität entdecken die Forscher, dass Strom nicht nur Licht erzeugt, sondern auch Wärme. Eine leuchtende Glühbirne wird mit der Zeit heiß. Dieses Phänomen wird für das elektrische Bügeleisen genutzt. Allerdings sind die Drähte

Verschiedene
Bügeleisen-
modelle

Wissen *spezial*

Was macht ein Generator?

Ein Generator ist eine Maschine, die mechanische Energie in elektrische Energie umwandelt. Dazu muss sie von Muskelkraft, Wasser oder Dampf angetrieben werden. Auch der Dynamo am Fahrrad ist ein kleiner Generator.

darin so dick, dass sie kein Licht abgeben, sondern nur Wärme abstrahlen.

Die glühend heiße **Wendel** in den ersten Glühbirnen bringt einige Bastler in den USA und England noch auf eine andere Idee: Wenn die Wendeln dick und fest genug sind, sodass sie nicht durchglühen oder verbrennen, müsste man mit ihnen ja auch Brot rösten können. Also testen sie verschiedene Wendeln und wickeln sie um alle möglichen Gestelle. 1908 ist es dann so weit, in England wird der erste wirklich funktionierende Toaster patentiert und ein Jahr später auch hergestellt. Zunächst muss das Toastbrot noch von Hand gewendet werden, denn die ersten Geräte haben noch keinen automatischen Auswurf und auch keine Tem-

Mädchen lernen in einer Hauswirtschaftsschule den Umgang mit dem Bügeleisen.

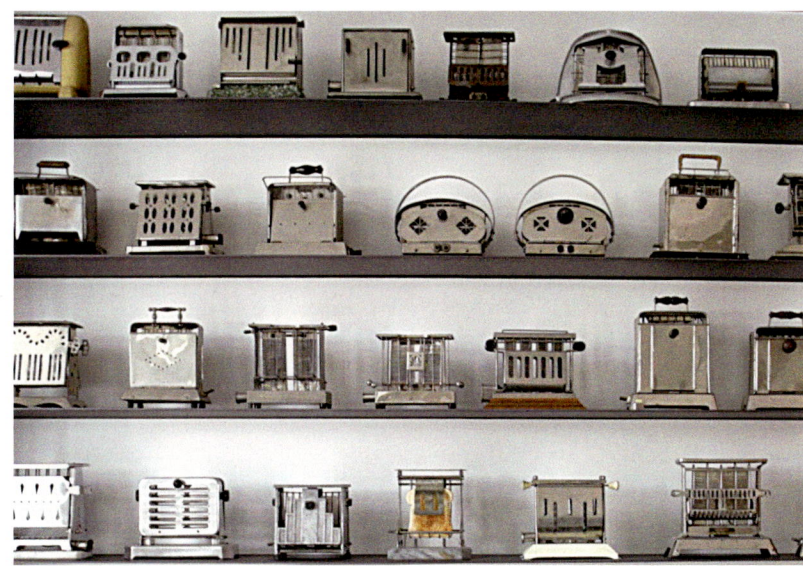

In einem Museum für Haushaltstechnik kann man die unterschiedlichsten Toastermodelle bewundern.

peratureinstellung. Nicht selten verbrennen sich die Menschen dabei die Finger. Der erste Toaster mit automatischem Auswurf wird zwar schon 1919 erfunden, aber funktioniert erst nach vielen Verbesserungen in den 1950er-Jahren so gut, dass er den Markt erobert. Heute werden fast nur noch solche Pop-up-Toaster, übersetzt „Hochschieß-Toaster", hergestellt. Eine Art Kombination von Toaster und Ventilator ist der Fön, der 1908 in Nürnberg von der Firma AEG entwickelt wird. Schnell wird der Fön so bekannt, dass auch die Haartrockner anderer Firmen „Fön" genannt werden, obwohl dies ein Markenname der Firma AEG ist. All diese Haushaltsgeräte sind heute aus dem täglichen Leben nicht wegzudenken.

Vorgänger des Föns:
Haartrockenapparat von 1890

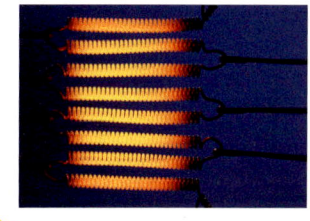

Die Geburtsstunde
des Roboters

Maschinen werden automatisch gesteuert

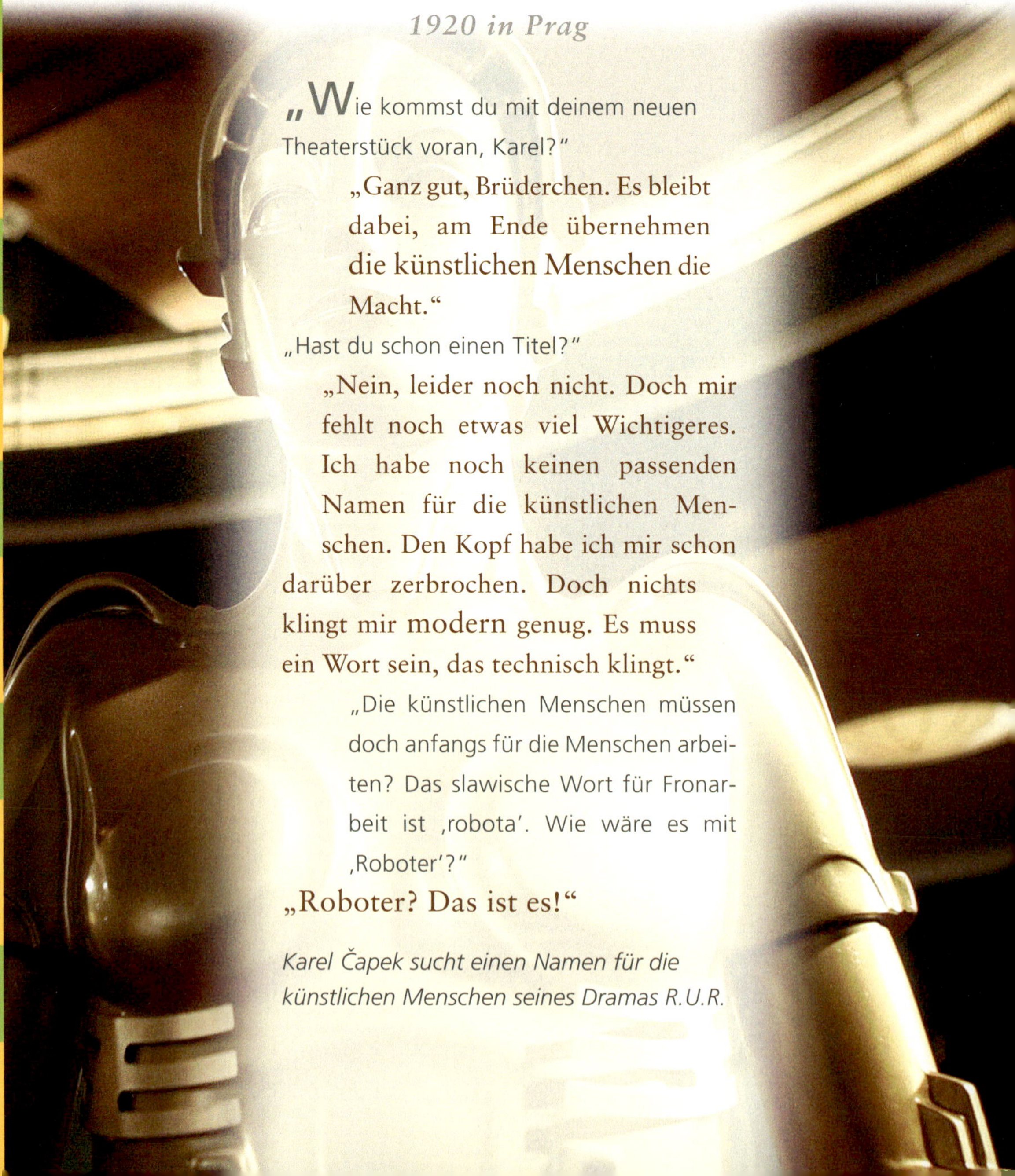

1920 in Prag

„Wie kommst du mit deinem neuen Theaterstück voran, Karel?"

„Ganz gut, Brüderchen. Es bleibt dabei, am Ende übernehmen die künstlichen Menschen die Macht."

„Hast du schon einen Titel?"

„Nein, leider noch nicht. Doch mir fehlt noch etwas viel Wichtigeres. Ich habe noch keinen passenden Namen für die künstlichen Menschen. Den Kopf habe ich mir schon darüber zerbrochen. Doch nichts klingt mir modern genug. Es muss ein Wort sein, das technisch klingt."

„Die künstlichen Menschen müssen doch anfangs für die Menschen arbeiten? Das slawische Wort für Fronarbeit ist ‚robota'. Wie wäre es mit ‚Roboter'?"

„Roboter? Das ist es!"

Karel Čapek sucht einen Namen für die künstlichen Menschen seines Dramas R.U.R.

Der tschechische Schriftsteller Karel Čapek (1890–1938) hat ein Gespür für aktuelle Themen. Er liest viele Zeitungen und beobachtet seine Mitmenschen, wie nur Künstler es können. Er kennt ihre Hoffnungen und Ängste. Noch dazu hat Karel Čapek ein außergewöhnlich gutes Vorstellungsvermögen. Besonders gerne versetzt er sich in Gedanken in die Zukunft, in der er viele Gefahren auf die Menschen zukommen sieht. Vor allem der immer schnellere Fortschritt der Technik ist für ihn eine Bedrohung, da er nicht glaubt, dass die Menschen wirklich verantwortungsvoll mit ihm umgehen können. Seine Romane und Theaterstücke enthalten daher oft eine Warnung vor einem unüberlegten und leichtsinnigen Umgang mit neuen technischen Erfindungen.

Künstliche Menschen

Sein bekanntestes Theaterstück mit dem Titel „R.U.R." („Rossums Universal Roboter") schreibt er 1920. Es handelt von einer Firma namens Rossum, die Roboter herstellt, die den Menschen die gesamte Arbeit abnehmen sollen. Am Ende jedoch erheben sich die künstlichen Menschen und vernichten die Menschheit. Der für dieses Theaterstück erfundene Begriff Roboter wird sehr schnell weltbekannt. Für Karel Čapek ist der Roboter das Endergebnis der **Automation**. In Gestalt des Roboters sind die Maschinen und Geräte so selbstständig, dass sie den Menschen nicht mehr brauchen.

Zukunftsvision: künstliche Menschen

Vaucansons automatische Ente, gebaut aus 400 beweglichen Einzelteilen

Künstliche Menschen werden aber nicht nur von Schriftstellern erfunden und spielen die Hauptrolle in Theaterstücken und Erzählungen. Es gibt auch immer wieder Versuche, sie wirklich zu bauen. Einer der Ersten, der dies wagt, ist der Franzose Jacques des Vaucanson (1709–1782), der Sohn eines armen Handschuhmachers. Jacques ist ein guter Schüler und schafft es, Ingenieur zu werden. Sein großer Traum ist die Konstruktion eines künstlichen Menschen, und dieser Traum wird auch beinahe wahr. Im Jahr 1737 baut er einen automatischen Flötenspieler, der einem lebenden zum Verwechseln ähnlich ist. Zwölf Lieder kann der Automat spielen und dabei seinen Kopf und seinen Oberkörper im Rhythmus bewegen. Ganz Frankreich und sogar der König sind von diesem Automatenmenschen begeistert.

Ein Roboter des Modells ASIMO legt Blumen am Denkmal für Karel Čapek nieder.

Webstühle – die Ahnen der Roboter

Vaucansons zweite große Erfindung ist ein Webstuhl. Auch diese Maschine wird automatisch gesteuert, und zwar von einem kleinen Holzbrett, in dem sich an verschiedenen Stellen Löcher befinden. In diese Löcher können Stifte einhaken, die dann einen Arbeitsschritt auslösen. So ähnlich wird auch sein Flötenspieler gesteuert.

Vaucansons Webstuhl wird jedoch nicht eingesetzt, sondern verschwindet zerlegt in einem Lager. Dort entdeckt ihn 1804 der Buchbinder Joseph-Marie Jacquard (1752–1834), der Sohn eines Webers. Jacquard hasst eigentlich Webstühle, an denen er schon als Kind arbeiten musste. Doch es gibt kein Entkommen, denn eines Tages erbt er die Weberei seiner Eltern. Die will er auch weiter betreiben, jedoch ohne die ungeliebte Arbeit. Als er Vaucansons automatischen Webstuhl eines Tages wieder zusammensetzt, sieht er darin die Lösung seines Problems. Allerdings muss der Webstuhl noch besser arbeiten. Er ersetzt die Holzbrettchen durch **Lochkarten** aus Pappe, die die Maschine noch genauer steuern. Jedes beliebige Muster kann nun gewebt werden. Da der Webstuhl jederzeit mit anderen Lochkarten neu eingestellt werden kann, gilt er als erste programmierbare Maschine der Welt. Sogar Kaiser Napoleon I. ist von der Maschine begeistert, ebenso die Textilunternehmer in Frankreich und anderen Ländern. Nur die vielen Tausend Weber nicht, die befürchten, ihre Arbeit zu verlieren. Sie bringen ihr Anliegen beim Kaiser vor und verklagen Jacquard sogar vor Gericht. Doch nicht einmal Morddrohungen

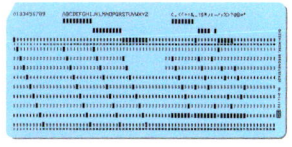

Die automatischen Web-
stühle von Joseph-Marie
Jacquard veränderten die
Textilindustrie und damit
das Leben vieler Tausend
Weber.

helfen, der technische Fortschritt ist nicht mehr aufzuhalten. Im Jahr 1812 werden bereits 18.000 Jacquard-Webstühle allein in Frankreich gezählt. Die Weber müssen neue Berufe erlernen. Dafür werden Stoffe nun billiger und das Angebot größer. Außerdem suchen die Handwerksbetriebe, die die neuen Webstühle bauen und reparieren, nach Arbeitskräften.

Lochkarten steuern Maschinen

Die Jacquard-Webstühle bringen viele Ingenieure auf die Idee, auch andere Maschinen mit Lochkarten oder Lochbändern zu steuern. Am einfachsten ist dies bei **Drehorgeln** und anderen mechanischen Musikinstrumenten, die schon lange von Stiftwalzen gesteuert werden. Diese Walzen, deren Stifte die Töne anschlagen oder auslösen, werden nun durch Lochscheiben oder Lochbänder ersetzt, die

Thema | **Mechanische Musik – Drehorgeln**

Im 18. Jahrhundert werden Drehorgeln bei Straßenmusikern immer beliebter. Sie brauchen nur an einer Kurbel zu drehen, und schon spielt die Orgel ein bekanntes Lied. Die Kurbeldrehung betätigt nicht nur den Blasebalg für die Pfeifen,

sondern setzt auch eine Walze in Bewegung, auf der sich kleine Stifte befinden. Diese Stifte öffnen die Ventile für die Pfeifen. Die Anordnung der Stifte bestimmt die Melodie. Für jedes Lied braucht man eine neue Walze. Später werden die Stiftwalzen durch Lochscheiben oder Lochbänder ersetzt.

Hollerith-Zählmaschine: ein erster Vorläufer des Computers

schnell auszutauschen sind und sich leicht kopieren lassen. Es brauchen nur ein paar Löcher in den Karton gestanzt zu werden.

Überall werden nun Lochkarten zur **Maschinen-steuerung** eingesetzt. Doch die Lochkarte kann noch mehr. Dieser Überzeugung ist der Amerikaner Hermann Hollerith (1860–1929), dessen Eltern aus Deutschland stammen. Von Beruf ist Hollerith Ingenieur, doch er arbeitet bei der Regierung der USA als Statistiker, der genaue Zahlen über die Bevölkerung sammeln und auswerten soll. Schon nach wenigen Monaten bei der Behörde erkennt Hollerith, dass die Aufgaben mit den alten Formularen, Aktenordnern und endlosen Schrankwänden nicht mehr zu bewältigen sind. Nur mit einem neuen System können die Daten von 64 Millionen Amerikanern verwaltet werden.

Da er die Lochkarte kennt, baut er eine Maschine, die diese Karten automatisch sortieren kann, und meldet sie zum Patent an. Als die Regierung 1890 eine Volkszählung durchführen will, bietet ihr Hollerith seine neue Lochkartenmaschine an. Jeder Bürger muss nun in einem Zählbüro Angaben etwa über sein Alter, sein Geschlecht oder seine Religion machen. Die Angaben werden in Form von Löchern an vorbestimmten Stellen in die Karten übertragen. Mit 43 Maschinen wertet Hollerith die abgegebenen Karten aus. Der Erfolg ist so groß und die Kosten sind so niedrig, dass auch andere Länder seine Maschinen ausleihen. Die Lochkarte und ihre Möglichkeiten werden weltbekannt. Bald arbeiten in vielen Ämtern Hollerith-Maschinen, wie sie nun heißen. Sie werden zu einem wichtigen Vorläufer des Computers.

Wissen *spezial*

Vielseitige Maschinensteuerung

Neben Webstühlen wurden auch Drehmaschinen mithilfe von Lochkarten gesteuert. Sie sorgten dafür, dass die Werkstücke immer genau gleich gedreht wurden. Im Haushalt wurden lange Zeit die Programme von Waschmaschinen durch Lochkarten gesteuert.

„Moderne Zeiten":
Der Mensch wird Teil
der Maschine.

Auch in Fabriken werden immer neue Fertigungsmaschinen von Lochkarten gesteuert. Dadurch gehen auch immer wieder Arbeitsplätze verloren, und manche Menschen beginnen sich vor den Maschinen zu fürchten. Sie haben Angst davor, dass die Automation den Menschen eines Tages überflüssig machen könnte. In vielen Filmen wird diese Angst zum Ausdruck gebracht, etwa in Fritz Langs „Metropolis" (1927) oder Charlie Chaplins „Moderne Zeiten" (1936). In diesem Film zeigt Chaplin, dass nicht der Mensch die Maschine, sondern die Maschine den Menschen beherrscht. Dennoch sind **Industrieroboter** heute aus unseren Fabriken nicht mehr wegzudenken. Sie helfen nicht nur, schnell und kostengünstig zu produzieren, sondern nehmen dem Menschen auch schmutzige und gefährliche Arbeiten ab.

Wissen *spezial*

Fleißige Helfer: Industrieroboter
Industrieroboter im Autobau lackieren, schweißen oder polieren. In Recyclingfirmen sortieren Roboter mit Videosystem Altbatterien. Bei der Fertigung kleinster Teilchen, etwa für Computer, liefern Fertigungsroboter fehlerfreie Arbeit.

Was läuft heute?

Rundfunk und Fernsehen bringen die Welt ins Wohnzimmer

1930 in Berlin

„Die Anlage muss einfach laufen! Ich habe jedes Kabel mehrfach geprüft, die Röhren sind untersucht und brandneu. Der Film liegt im Vorführgerät und wird vom Elektronenstrahl abgetastet. Wenn ich jetzt die **Bildröhre einschalte, müsste der Film zu sehen sein.** Die Leistung der Röhren reicht jedenfalls aus. So, den letzten Schalter umgelegt, jetzt kommt es drauf an! Die Röhre ist noch kalt. Aber jetzt, jetzt tauchen die ersten Schatten auf. Das Bild ist da! Der Film läuft! **Das wird die Sensation der nächsten Berliner Funkausstellung.** Die erste wirklich funktionierende vollelektronische Fernsehübertragung der Welt wird alles schlagen, was die Konkurrenz zu bieten hat. Die Menschen werden begeistert sein!"

Dem Physiker Manfred von Ardenne gelingt die erste vollelektronische Fernsehübertragung.

Manfred von Ardenne (1907–1997) stammt aus einer wohlhabenden Adelsfamilie. Daher braucht er auch lange Zeit nicht zur Schule zu gehen, sondern wird von Privatlehrern unterrichtet. Sein Lieblingsfach ist von Anfang an die Physik. Als die Familie von Hamburg nach Berlin zieht, muss er 1919 doch noch zur Schule. Dort wird ihm bald klar, dass er vor allem in Physik längst mehr weiß als seine Lehrer. Enttäuscht verlässt er schließlich das Gymnasium ohne Schulabschluss. Da seine Eltern reich sind, kann sich Manfred von Ardenne ein eigenes Labor einrichten. Mit nur 15 Jahren erfindet er dort eine neuartige **Elektronenröhre**, die er sogar zum Patent anmeldet. Mit 18 Jahren beginnt er ein Physikstudium, das er aber nach zwei Jahren enttäuscht aufgibt. Von nun an forscht er nur noch in seinem eigenen Labor, das er ständig vergrößert. Ende der 1920er-Jahre befasst er sich mit einem Problem, an dessen Lösung viele Forscher arbeiten: der Übertragung von bewegten Bildern.

Der Physikunterricht bot Manfred von Ardenne nichts Neues.

Fernsehpioniere: Bain, Nipkow & Co.

Als Manfred von Ardenne beginnt, sind einige grundsätzliche Fragen der frühen Fernsehtechnik bereits gelöst. So entwickelt etwa 1843 der Schotte Alexander Bain (1811–1877) eine Möglichkeit, Bilder mithilfe eines Telegrafen elektrisch zu übertragen. Mit einem besonderen Pendel tastet Bain das Bild ab und zerlegt es in Zeilen und einzelne Punkte, die wiederum in elektrische Signale umge-

Wissen *spezial*

Was ist eine Elektronenröhre?
Eine Elektronenröhre ist ein luftleerer Glaskolben mit je einer Elektrode an beiden Enden. Schließt man die Elektroden an eine Spannungsquelle an, fließt zwischen ihnen ein Elektronenstrom. Mithilfe eines Gitters in der Mitte der Röhre kann der Strom verstärkt oder unterbunden werden.

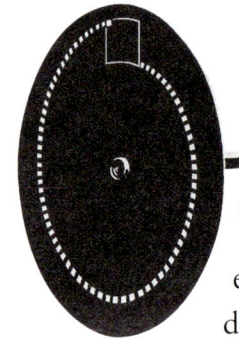

Allererstes Fernsehgerät:
die Nipkowscheibe

wandelt werden. Ein Empfangsgerät setzt aus diesen Signalen das Bild an anderer Stelle wieder zusammen und zeichnet es auf ein Blatt Papier. Doch was soll man mit einem solchen Gerät anfangen? Die Zeitgenossen Alexander Bains zucken nur mit den Achseln, und der Vorläufer des heutigen Faxgerätes ist bald wieder vergessen.

Die Idee, ein Bild zuerst in kleine Punkte zu zerlegen, um es zu übertragen, wird von anderen Erfindern beibehalten. Einer von ihnen ist der Berliner Student Paul Nipkow. Er möchte nicht nur einzelne Bilder übertragen, sondern die bewegte Wirklichkeit, so wie das menschliche Auge sie wahrnimmt. Nach vielen Experimenten entwickelt er 1884 eine sich gleichmäßig drehende, runde Scheibe mit 24 Löchern. Hinter der Scheibe befinden sich lichtempfindliche **Selenzellen,** die die durch die Löcher empfangenen Lichtstrahlen auffangen und in elektrische Signale umwandeln. Als Empfänger dient eine zweite Scheibe, hinter der sich eine Lampe befindet. Betrachtet man diese Lochscheibe durch eine besondere Linse, kann man das von der ersten Scheibe aufgenommene Bild sehen. Diese später nach ihm benannte Nipkowscheibe ist schon ein

Dem Fernsehpionier
John Logie Baird gelang
1928 die erste transat-
lantische Fernsehüber-
tragung London –
New York.

Auf der Funkausstellung in Berlin gibt Paul Nipkow ein Fernsehinterview.

richtiges Fernsehgerät. Es hat zwar keinen Ton und das übertragene Bild ist schwer zu erkennen, aber es wird aufgenommen und mithilfe elektrischer Signale von einem Aufnahmegerät zu einem Wiedergabegerät übertragen. Ein Alltagsgerät, das in Fabriken hergestellt und verkauft werden kann, ist es jedoch nicht. Außerdem kann immer nur ein Zuschauer das übertragene Bild betrachten.

Im Jahr 1897 macht der deutsche Physikprofessor Karl Ferdinand Braun (1850–1918) eine bedeutende Erfindung: die **Kathodenstrahlröhre**. Sie scheint genau das technische Bauteil zu sein, das die Nipkowscheibe ersetzen könnte und ein wesentlich besseres Bild möglich macht. Doch bis es so weit ist, vergehen noch viele Jahre.

Wissen *spezial*

Die Kathodenstrahlröhre erzeugt Bilder

Im Gegensatz zu einer normalen Elektronenröhre besitzt eine Kathodenstrahlröhre einen Leuchtschirm, auf den der Elektronenstrahl ein Bild zeichnen kann. Daher wird eine solche Röhre auch Bildröhre genannt. In jedem herkömmlichen Fernseher oder Monitor befindet sich eine Kathodenstrahlröhre.

Die Welt hört Radio

In der Zwischenzeit sorgt vorerst eine andere Erfindung für großes Aufsehen. Der junge italienische Physiker Guglielmo Marconi (1876–1937) entwickelt Ende des 19. Jahrhunderts

Arbeiterinnen fertigen in einer Fabrik die ersten Tonbandgeräte.

das Funkgerät, mit dem Sprache drahtlos übertragen werden kann. Zunächst wird diese Erfindung eingesetzt, um Nachrichten über den Atlantik oder in entlegene Gebiete zu funken. Schon während des Ersten Weltkriegs kommen Menschen auf die Idee, mit den Sendern nicht bestimmte Empfänger zu erreichen, sondern möglichst viele. In den USA überträgt der Funker Frank Conrad aus Spaß regelmäßig Aufführungen von Musikgruppen, die er „Ätherkonzerte" nennt. Damit sie auch empfangen werden können, bietet er einfache Empfangsgeräte zum Kauf an.

Thema **Propaganda per Volksempfänger**

Schon bald nach der Ausstrahlung der ersten Radioprogramme nutzten auch politische Parteien die neue Technik für die Verbreitung ihrer Ideen. Im Dritten Reich wurde das Radio für politische Propaganda eingesetzt, die intensive Werbung der nationalsozialistischen Partei, die auch vor Lügen nicht zurückschreckte. Reichspropagandaminister Joseph Goebbels ließ den Volksempfänger bauen, der in fast jedem Haushalt stand. So konnte Goebbels mit seinen Hetzreden die Mehrheit der Bürger erreichen und beeinflussen. Das Hören anderer Sender war natürlich streng verboten.

Auch in England, Deutschland und anderen Ländern senden Funker eigene kleine Programme. Aus diesen Funkstationen entwickeln sich die ersten Radiosender. In Deutschland veranlasst der Ingenieur Hans Bredow (1879–1959) vom Postministerium die Einrichtung des ersten Senders, der ab 1920 in Betrieb geht. Da ihm das englische Wort „Radio" nicht gefällt, erfindet er das Wort „Rundfunk". Nur zwei Jahre später gibt es fast tausend Radiosender auf der Welt. Überall werden große Sendemasten gebaut, selbst der Eiffelturm wird entsprechend umgerüstet. Dieser unglaubliche Erfolg des Radios ist einfach zu erklären. An jedem beliebigen Ort können die Menschen plötzlich Konzerte hören, ohne ihr Haus zu verlassen und viel Eintritt zu bezahlen. Neben der Musik sind auch Nachrichten und Hörspiele sehr beliebt. Allerdings missbrauchen auch Politiker diese neue Möglichkeit und nutzen den Rundfunk für ihre **Propaganda**. So ist das Radio von Anfang an nicht einfach nur ein technisches Gerät, das Sprache und Musik überträgt, sondern auch ein Instrument, mit dem Menschen beeinflusst werden können.

Joseph Goebbels hält vor dem Mikrofon eine seiner Propagandareden fürs Radio.

Ein Volksempfänger aus den 1930er-Jahren

In den 1950er-Jahren war ein Fernsehgerät noch ein Luxusgegenstand.

Fernsehapparat aus dem Jahr 1938

Kino für zu Hause

Manfred von Ardenne und andere Erfinder haben zwei Vorbilder bei ihrer Arbeit am Fernseher: den Rundfunk und das Kino. Sie wollen mit dem Fernseher ein Gerät entwickeln, das beide Medien miteinander verbindet. Eine Art kleines Kino für zu Hause. Von Ardenne hat die Nase vorn und kann 1931 auf der Funkausstellung in Berlin das erste vollelektronische Fernsehen der Öffentlichkeit vorstellen. Das kleine Gerät mit schwarzweißem Bild wird zur Sensation der Ausstellung. Keine vier Jahre benötigt die Reichspost, um in Berlin einen Fernsehsender und das dazugehörige Studio aufzubauen. Am 22. März 1935 ist es so weit. Die ersten **Fernsehbilder** werden ausgestrahlt, die allerdings nur ganz wenige Menschen empfangen können. Daher werden in Kneipen und Kinos sogenannte Fernsehstuben eingerichtet. Hier können die Menschen gegen ein kleines Eintrittsgeld Fernsehen schauen. Der Höhepunkt ist die Übertragung der Olympischen Spiele von 1936 in Berlin, die jedoch nur die deutschen Zuschauer sehen können. Wer das Glück hat, einen Platz zu ergattern, kann zugleich einen Blick in die Zukunft werfen. Denn Livesendungen von bedeutenden Sportereignissen gibt es in Deutschland erst wieder ab 1954. In diesem Jahr wird nämlich die Fußballweltmeisterschaft in der Schweiz weltweit übertragen.

Spannende Liveübertragung: die Fußball-WM 1954

Die ersten Fernsehbilder

Die ersten Fernsehbilder waren schwarzweiß und bestanden aus 180 Zeilen. Das kleine Bild, das nicht größer war als ein Schuhkarton, war nicht besonders scharf. Heute besteht ein Bild aus 625 Zeilen mit je rund 800 Bildpunkten, die nacheinander übertragen werden.

Die Regisseurin Leni Riefenstahl mit Kameramann während der Olympischen Spiele 1936

Das Unteilbare ist doch teilbar

Die Kernspaltung prägt das 20. Jahrhundert

1938 in Schweden

„Otto schreibt aus Berlin, bei seinem neuen Experiment sei Uran in Barium, Krypton und andere Elemente zerplatzt."

„Aus einem Uranatomkern sind andere Elemente entstanden? Das klingt absurd, Lise. Bruchstücke wie Protonen oder Heliumkerne lassen sich von einem Atomkern abspalten. Aber dass sich ein Atomkern wie eine Zelle teilt?"

„Wir haben in der Kernphysik schon so viele Überraschungen erlebt."

„Du hast Recht, denkbar ist es. Aus dem großen Urankern entstehen nach dem Beschuss mit einem Neutron zwei verschiedene kleinere Atomkerne."

„Das Neutron löst keine einzelnen Elementarteilchen, wie wir dachten, es spaltet einfach den Atomkern!"

Die Atomphysiker Lise Meitner und Otto Frisch diskutieren die bahnbrechende Entdeckung ihres Kollegen Otto Hahn.

Otto Hahn (1879–1968), der Sohn eines Glasermeisters aus Frankfurt am Main, soll eigentlich Architekt werden. Doch Otto entwickelt ganz andere Interessen. Mit fünfzehn Jahren treffen ihn die Eltern immer häufiger in der Waschküche an. Dort rührt ihr Sohn begeistert in verschiedenen Gläsern aus der Werkstatt seines Vaters Chemikalien aus dem Haushalt und aus der Apotheke zusammen. Diese Begeisterung hält an, und sein Vater lässt ihn nach dem Abitur 1897 in Marburg Chemie studieren. Nachdem er seine Doktorarbeit erfolgreich abgeschlossen hat, wechselt er an die Universität von London, um seine Erfahrungen und Sprachkenntnisse zu verbessern.

Mithilfe dieser Laborgeräte entdeckte Otto Hahn die Kernspaltung.

Die Entdeckung der Kernspaltung

Die chemische und physikalische Wissenschaft beschäftigt sich zu dieser Zeit vor allem mit der Erforschung der **Atome**, ihrem Aufbau und ihren Eigenschaften. In London stößt der junge Forscher Otto Hahn auf das ebenso junge Gebiet der Radiochemie, die sich mit radioaktiven Stoffen befasst. Bei Experimenten mit den Elementen Radium und Thorium macht er seine ersten eigenen Entdeckungen und wird bald zu einem Experten auf diesem Gebiet. Wieder zurück in Deutschland, forscht er an der Universität in Berlin weiter. Dort trifft er 1907 die Österreicherin Lise Meitner (1878–1968), die in Wien als eine der ersten Frauen Physik studiert hatte. Da dies in Berlin bis 1909 noch verboten

Bibliothek des Kaiser-Wilhelm-Instituts

bleibt, muss sie immer die Hintertür benutzen, um ins Labor zu kommen. Lise Meitner wird Otto Hahns engste Mitarbeiterin und folgt ihm auch, als er 1912 Leiter einer eigenen Forschungsabteilung am Kaiser-Wilhelm-Institut in Berlin wird, einer bedeutenden Forschungseinrichtung.

Ab 1934 machen Hahn und Meitner Versuche mit dem Element **Uran**, das sie mit Neutronen beschießen. Auf diese Weise wollen sie neue Elemente herstellen. Die Experimente sind in vollem Gang, als Lise Meitner 1938 nach Schweden flüchten muss, da sie jüdischer Abstammung ist und von den Nationalsozialisten verfolgt wird. Sie und Otto Hahn schreiben sich jedoch regelmäßig Briefe. So erfährt sie im Dezember 1938 von einem Experiment, bei dem zwar kein bisher unbekanntes Ele-

Wissen *spezial*

Was ist Uran?

Uran ist ein hochgiftiges Schwermetall.
In der Natur kommt es vor allem in Granit, Uranpecherz oder dem Mineral Uranglimmer vor. Uran zerfällt in einer langen Kette natürlich zu Blei. Es wird als Kernbrennstoff in Kernkraftwerken und für den Bau von Atomwaffen verwendet.

ment, dafür aber Barium und Krypton sowie zwei andere kleinere Atome entstanden waren. Dieses Ergebnis kann sich Otto Hahn nicht erklären. Denn bislag nahm man an, dass Atomkerne nicht teilbar sind. Lise Meitner findet mit dem Atomforscher Otto Frisch (1904–1979) schließlich die Erklärung: Neutronen spalten die **radioaktiven** Uranatome in annähernd, aber nie völlig gleich große Teile. Otto Frisch erfindet für diese unvorhersehbare und unvermutete Entdeckung den Begriff „Kernspaltung".

Wissen *spezial*

Was ist Radioaktivität?
Instabile Atomkerne mit zu vielen oder zu wenig Neutronen haben die Eigenschaft zu zerfallen, also sich in andere Atomkerne umzuwandeln. Das nennt man Radioaktivität. Beim Zerfall wird Energie in Form von Strahlung frei.

Ungeheure Energie

Otto Frisch rechnet sofort aus, dass bei einer Kernspaltung des Urans eine unvorstellbar große Menge Energie frei wird. Nachdem er in Fachzeitschriften über die Kernspaltung berichtet hat, kommen auch andere Forscher zu diesem Ergebnis. Und sie erkennen noch mehr: Da bei der

Der Physiker Enrico Fermi hat die Atombombe mit entwickelt.

Kernspaltung, die durch Neutronen ausgelöst wird, wiederum neue Neutronen frei werden, die andere Atomkerne spalten können, braucht man nur genügend Uran, um eine Kettenreaktion auszulösen. Die Folge wäre eine Explosion, wie sie die Welt noch nicht gesehen hat. Kurz vor Beginn des Zweiten Weltkriegs wird es durch Otto Hahns Entdeckung möglich, eine Bombe zu bauen, die mit einem Schlag eine ganze Stadt vernichten kann.

Wie gefährlich diese Bombe wäre, können sich jedoch nur wenige führende Wissenschaftler vorstellen. Einer von

Einsteins Brief an den amerikanischen Präsidenten zum Bau der Atombombe

ihnen ist der in den USA lebende Physiker **Albert Einstein**, den weniger bekannte Kollegen dazu überreden, einen Brief an Präsident Franklin D. Roosevelt zu schreiben, um ihn auf die gefährliche Entwicklung aufmerksam zu machen. Der Präsident reagiert tatsächlich, denn immerhin stammt die Warnung von dem berühmtesten Physiker der Welt. Amerikanische und vor den Nationalsozialisten aus Europa geflohene Wissenschaftler werden nun in den USA zusammengezogen, um im Geheimen die Atombombe zu entwickeln. Ihr Auftrag ist es, schneller zu sein als die Deutschen, deren Überlegenheit man nicht zulassen will.

Thema   **Albert Einstein und die Atombombe**

Als Albert Einstein (1879–1955) von der Entdeckung der Kernspaltung in Deutschland erfährt, ist ihm klar, dass sich damit eine Atombombe bauen lässt. Obwohl er Pazifist ist, also Kriege ablehnt, schreibt er am 2. August 1939 an Präsident Roosevelt einen Brief. Er gibt den möglichen Vorsprung der

Deutschen zu bedenken und empfiehlt, ebenfalls eine Atombombe zu entwickeln. Nach dem Krieg bedauert er dies jedoch zutiefst, da die beiden Atombombenabwürfe den Menschen in Japan unvorstellbares Leid gebracht haben.

Als Alan Turing (1912–1954) mit sechs Jahren in London eingeschult wird, kann er längst lesen. Mit sechzehn Jahren greift er zu Büchern von Albert Einstein, die er mühelos versteht. Er stellt sogar eigene Berechnungen zu den Gesetzen Einsteins an. Später studiert das Wunderkind an den berühmten Universitäten in Cambridge (England) und Princeton (USA) Mathematik und schreibt eine Doktorarbeit über den möglichen Einsatz von Rechenmaschinen.

Die ersten Rechenmaschinen

Als Turing 1939 nach England zurückkehrt, bricht der Zweite Weltkrieg aus. Zu gerne würden die Engländer die Funksprüche der feindlichen Deutschen abhören, doch die werden mit einer modernen Chiffriermaschine verschlüsselt, der **ENIGMA**. Um den Code zu knacken, richtet der britische Geheimdienst in Bletchley Park bei London ein geheimes Labor ein. Obwohl dort rund zehntausend Menschen arbeiten, kommt die Entschlüsselung des Codes der ENIGMA nur schwer voran. Das ändert sich, als Alan Turing um Hilfe gebeten wird und eine Entschlüsselungsmaschine baut, die wie eine Uhr tickt und daher „Bombe" genannt wird. Die Freude des britischen Geheimdienstes ist riesig, als es tatsächlich gelingt, den Code zu knacken.

Ganz nebenbei wird durch den Bau der „Bombe" eine mechanische Rechenmaschine entwickelt, die ein wichtiger Vorläufer der modernen Computer ist. Mit Turings Hilfe kann der Mathematiker Maxwell

Wissen *spezial*

Verschlüsseln mit der ENIGMA

Die Chiffriermaschine ENIGMA (griechisch „Rätsel") wurde von Arthur Scherbius (1878–1929) entwickelt. Schreibt man einen Text, sorgen drei drehbare Walzen und elektrische Steckverbindungen dafür, dass jeder gedrückte Buchstabe durch einen anderen ersetzt wird.

Kopfhörer eines Abhörgerätes aus dem Zweiten Weltkrieg

Die berühmte ENIGMA sah fast aus wie eine Schreibmaschine.

Ein von Konrad Zuse gebauter Rechner, der heute noch funktioniert.

Newman (1897–1984) 1943 den ersten **digitalen** Röhrencomputer bauen, der „Colossus" getauft wird. Er arbeitet mit 1500 Elektronenröhren und kann eine verschlüsselte Nachricht in drei bis vier Stunden entschlüsseln. Auch ein heutiger PC kann diese Aufgabe nicht schneller lösen. Doch bei Colossus können die Aufgaben noch nicht einfach mit der Tastatur eingegeben werden. Stattdessen verwendet man Lochstreifen, in die für jeden Buchstaben eine bestimmte Lochkombination eingestanzt ist.

Der Wunderrechner in der Turnhalle

Gleichzeitig entwickelt der deutsche Ingenieur Konrad Zuse (1910–1995) einen Computer. Er arbeitet bei einem Flugzeugwerk und hat die Aufgabe, langwierige Berechnungen für die Festigkeit der Tragflächen zu machen. Um sich diese Arbeit zu erleichtern, baut Zuse aus elektromechanischen Schaltern eines Telefons, sogenannten Relais, einen einfachen Rechner, der 1938 fertig wird und den er Z1 nennt. Drei Jahre später nimmt

Wissen spezial

Was bedeutet „digital"?
„Digital" ist eine Größe, die nur geringe endliche Werte annimmt, die man also an den Fingern (lateinisch „digitus") abzählen kann. Die meisten Computer arbeiten mit nur zwei Werten: 0 und 1. Alle Daten und Bilder müssen in diese beiden Zahlen umgewandelt (digitalisiert) werden.

er in seiner Wohnung den Z3 in Betrieb, den ersten programmierbaren Computer der Welt. Die **Programme** und die Programmbefehle werden ähnlich wie bei Colossus mit Lochstreifen eingegeben. Von Colossus weiß Zuse jedoch ebenso wenig wie die Engländer vom Z3. Erst nach dem Krieg können die Forscher ihre Erfahrungen austauschen.

Auch in den USA arbeiten Forscher ab 1942 im Auftrag der Armee an einem Computer, der jedoch erst 1946 fertig wird. Dieser erste Universalrechner von John Presper Eckert (1919–1995) und John Mauchly (1907–1980) erhält den Namen ENIAC, nimmt einen Saal so groß wie eine Turnhalle ein und wiegt fast 30 Tonnen. Er kann 5000 Additionen und 300 Multiplikationen pro Sekunde bearbeiten und ist damit 1000 Mal so schnell wie die besten Rechenmaschinen seiner Zeit. Seine

Der ENIAC-Rechner füllte einen ganzen Saal und wurde von mehreren Programmierern bedient.

wichtigsten Bausteine sind nicht wie beim Z3 elektromechanische Schalter, sondern 17.468 Elektronenröhren. Diese bilden zugleich die Schwachstelle des gigantischen Rechners. Fällt nämlich eine Röhre aus, funktioniert das Wunderwerk nicht mehr. Da Röhren leicht kaputtgehen, laufen ständig Techniker durch den Saal, um ausgefallene Röhren zu suchen und auszutauschen. Die Hälfte der Betriebszeit muss für das Auswechseln defekter Röhren aufgewendet werden. Arbeitet der Rechner, wird er von besonders ausgebildeten Frauen programmiert, indem sie Stecker in bestimmte Buchsen stecken. Die Aufgabe des ENIAC ist unter anderem die Berechnung von Raketenflugbahnen.

Der Transistor

Ein ganzer Saal für eine 30-Tonnen-Rechenmaschine, deren Röhren so viel Strom verbrauchen, dass sie ein eigenes Kraftwerk benötigen? ENIAC funktioniert zwar, doch ein Serienprodukt, das sich gut verkaufen lässt, wird er nicht. Die Lösung für viele der Probleme findet schon 1947 der Amerikaner John Bardeen (1908–1991) zusammen mit zwei Mitstreitern. Der Physiker erforscht die Eigenschaften von Halbleitern, also von Stoffen, die Strom umso besser leiten, je wärmer sie sind. 1947 gelingt es ihm, ein elektronisches Bauteil aus Halbleitern zu entwickeln,

John Bardeen und seine beiden Kollegen, die 1947 den ersten funktionierenden Transistor bauten

das die Aufgabe einer Elektronenröhre übernehmen kann: den Transistor. Zwar ist er nicht der eigentliche Erfinder, denn die Arbeitsweise eines Transistors ist schon seit 1926 bekannt, doch können Bardeen und seine Kollegen William B. Shockley (1910–1989) und Walter Brattain (1902–1987) erstmals einen Transistor bauen, den man auch einsetzen kann. Dafür bekommen sie 1956 den Nobelpreis für Physik verliehen.

Mit Transistoren lassen sich kleine, serientaugliche Rechner bauen.

Mitarbeiter der amerikanischen Firma Bell bauen im Jahr 1955 einen Computer namens TRADIC, der erstmals nur mit Transistoren funktioniert. Vier Jahre später gelingt es, mehrere Transistoren und andere Bauelemente auf einem winzigen Bauteil zu vereinen, das „integrierter Schaltkreis" oder „Chip" genannt wird. Die ersten Computer, die mit diesen Chips gebaut werden, sind nur noch rund 1,80 Meter lang und 60 Zentimeter hoch. Sie kosten umgerechnet rund 20.000 Euro und werden von Banken und Universitäten gekauft.

Ein Transistor ist kleiner und billiger als eine Elektronenröhre.

Monitor, Maus & Co.

Wer einen solchen Computer bedienen will, kann das noch nicht mit einer der heute üblichen Programmiersprachen erledigen, er muss eine besondere Ausbildung in Maschi-

In den 1980er-Jahren war der Commodore 64 ein großer Verkaufserfolg.

nensprache haben. Denn auf dem Monitor erscheinen noch keine Bilder oder andere Zeichen, die man anklicken kann, sondern nur Zahlen und Buchstaben. Damit der Computer alltagstauglich wird, müssen noch weitere Erfindungen gemacht werden. Eine der wichtigsten ist die 1968 entwickelte Maus. Mit ihrem Mauszeiger bewährt sie sich besonders gut bei der ab 1977 von verschiedenen Firmen entwickelten grafischen Benutzeroberfläche, auf der die Befehle für den Computer durch einfache Bilder und Zeichen darstellt werden wie etwa einen Papierkorb für Dateien, die gelöscht werden sollen. Auch der erste PC, der nicht mehr nur für Firmen und Forschungseinrichtungen gedacht ist, kommt 1977 auf den Markt, ist aber noch sehr teuer. Erst ein billiger, einfacher, aber zuverlässiger Computer schafft den Weg in die Arbeitszimmer und Wohnräume der Menschen: Der Commodore

Wissen spezial

Internet und WWW

Das Internet ist ein weltweites Computernetzwerk, das aus mehreren lokalen Netzwerken besteht. Ein Teil des Internets ist das World Wide Web (WWW). Mit dem WWW können Nutzer auf digital gespeicherte Dokumente auf allen weltweit mit ihm verbundenen Computern zugreifen.

64 wird ab 1982 rund 20 Millionen Mal verkauft. Von nun an wird der Computer zum Alltagsgerät und ist

Der IBM 5150 war 1981 der modernste PC.

heute zusammen mit dem **Internet** aus unserem Leben nicht mehr wegzudenken. Er ist eine Art Universalmaschine, mit der man Briefe als E-Mail verschicken, Fotos bearbeiten oder Produkte entwerfen kann. Immer mehr Menschen nutzen den PC, um online einzukaufen, ihre Bankgeschäfte zu erledigen oder Reisen zu buchen. Inzwischen kann man mit dem PC auch fernsehen und telefonieren. Eine kleine Kamera, die Webcam, sorgt dafür, dass man dabei den Gesprächspartner auch sieht. Die Technik entwickelt sich ständig weiter und die **Computer der Zukunft** werden immer kleiner, schneller und leistungsfähiger.

Ein PC von heute mit Flachbildschirm

Thema **Computerwelt der Zukunft – der Chip im Gehirn**

Die Entwicklung des Computers ist noch keineswegs abgeschlossen. Natürlich soll er noch schneller und kleiner werden, doch das ist nicht das einzige Ziel der Forscher. Manche von ihnen denken daran, einen Chip ins menschliche Gehirn einzupflanzen, um es mit einem Computer verbinden zu können. Der Mensch könnte so die Fähigkeiten eines

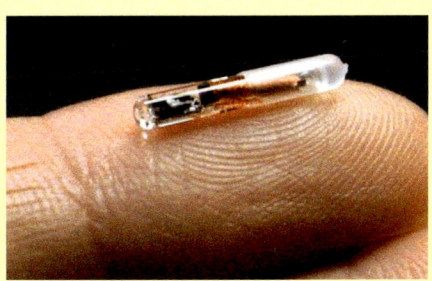

Computers unmittelbar nutzen und zum Beispiel auf völlig neue Weise im Internet surfen. Querschnittsgelähmte Menschen können durch einen Chip im Gehirn allein durch ihre Gedanken mit einem Computer arbeiten.

Sputnik macht das Rennen!

Auf dem Weg ins All

1957 in den USA

„Wernher, das müssen Sie sich anhören! Kommen Sie, schnell!"

„Aber Joseph, was hat Sie denn so aufgebracht?"

„Das werden Sie gleich hören. Schalten Sie den Empfänger ein."

„Was soll ich dann hören?"

„Den russischen Satelliten, der vor Kurzem gestartet worden ist."

„Das kann nicht sein! – Tatsächlich, ein Kurzwellensignal aus der Umlaufbahn! Ein schwaches Piepsen nur, aber deutlich genug. Wie haben die das nur geschafft? Ich hätte wetten können, dass wir schneller sind."

„Sind wir aber nicht. Wir brauchen noch mindestens zwei oder drei Monate."

„Das erste Rennen haben sie gewonnen. Aber bis zum Mond ist es noch ein weiter Weg. Jetzt heißt es die Ärmel hochkrempeln."

Der Raketenbauer Wernher von Braun und ein Kollege empfangen Signale von Sputnik 1, dem ersten russischen Satelliten.

 Wernher von Braun (1912–1977) ist der Sohn eines wohlhabenden Gutsbesitzers aus Posen. Dort geht er jedoch nicht zur Schule, sondern besucht ein bekanntes Internat auf der Insel Spiekeroog. Von seiner Mutter bekommt er zur Konfirmation ein Fernrohr, mit dem er regelmäßig den Mond, die Planeten und die Sterne betrachtet. Nichts stellt sich der Schüler schöner und aufregender vor, als einmal ins All zu fliegen.

Eine kühne Fantasie wird Wirklichkeit

Wenn er das Fernrohr zur Seite stellt, liest er leidenschaftlich gerne die beiden Abenteuerromane „Reise um den Mond" und „Von der Erde zum Mond" des französischen Schriftstellers Jules Verne (1828–1905). Sie schildern auf realistische Weise den Flug von drei Astronauten ins All. Ihre Raumkapsel startet von Florida aus. Dort wird sie auch gebaut, denn Jules Verne traut nur der Industrienation Amerika ein solches Unternehmen zu. Eindrucksvoll beschreibt Jules Verne die Schwerelosigkeit und die Etappen auf der Reise zum Mond, bis die Astronauten nach ihrer Rückkehr mit ihrer

So stellte sich ein Zeichner in den 1920er-Jahren die Reise ins All vor.

Raumkapsel wieder wohlbehalten im Pazifik landen. Der Internatsschüler ist so begeistert von den Zukunftsromanen des Franzosen, dass er eine eigene Science-Fiction-Erzählung schreibt, die ebenfalls von einem Flug zum Mond handelt. Einen Fehler findet er jedoch bei Jules Verne. Dessen Astronauten werden in einer Kanonenkugel zum Mond geschossen. Wernher von Braun aber weiß, dass

nur eine Rakete, die nach dem **Rückstoßprinzip** fliegt, eine solche Reise ermöglichen kann. So dachte auch der Erfinder **Hermann Ganswindt**, als er vom „Weltenfahrzeug" träumte.

Eine erbeutete V2-Rakete wird nach dem Krieg in Frankreich gezeigt.

Die erste Rakete im All

Noch vor dem Abitur steht für Werner von Braun fest: Er will Ingenieur werden und eine Rakete bauen, die tatsächlich ins All fliegen kann. 1930 zieht er nach Berlin und studiert an der Technischen Hochschule. Er liest jedes Buch über Raketentechnik und nimmt Kontakt zu anderen Weltraumbegeisterten auf. Ihr Ziel ist es, eine Flüssigkeitsrakete zu bauen. Das ist eine Rakete, die flüssige Treibstoffe wie Wasserstoff und Sauerstoff ver-

Thema **Hermann Ganswindts Weltenfahrzeug**

Hermann Ganswindt (1856–1934) war ein bekannter Erfinder. Schon als Schüler hat er den Freilauf des Fahrrads erfunden, der das Hinterrad lose rollen lässt, sobald der Radfahrer mit dem Treten aufhört. Später entwickelte er Luftschiffe und Hubschrauber. Sein verwegenster Plan war der Bau

eines „Weltenfahrzeugs", einer Rakete, die von Dynamitexplosionen angetrieben werden sollte. Als er dieses Vorhaben 1881 in Berlin vorstellte, haben ihn die Zuhörer ausgelacht. Dabei war er der Erste, der erkannt hatte, dass man nur mit einer Rakete ins All fliegen kann.

brennt. Das erste Modell trägt den Namen Aggregat 1 (A1) und explodiert beim Start. Erst das verbesserte Modell A2 funktioniert und fliegt im Dezember 1934 von der Insel Borkum aus mehr als zwei Kilometer hoch.

Doch wer Raketen entwickeln will, braucht viel Geld. Das Militär wiederum hat Geld und kann Raketen sehr gut gebrauchen. Um weiter forschen zu können, arbeitet Wernher von Braun ab 1937 für das Rüstungsprogramm der Nationalsozialisten. In Peenemünde an der Ostsee richtet er eine Raketenbasis ein und entwickelt die A4, eine 14 Meter hohe Rakete, die als erstes von Menschen gebautes Geschoss den Weltraum erreicht. Doch das ist nicht das Ziel von Adolf Hitler, der die Rakete „Vergeltungswaffe 2" (V2) nennt und mehr als 3200 davon auf London und andere Städte schießen lässt. Mehr als 8000 Menschen werden bei den Explosionen getötet. Noch mehr Menschen, nämlich 12.000 Häftlinge und Zwangsarbeiter, sterben beim Bau der Raketen in unterirdischen Bunkern.

> ### Wissen *spezial*
>
> **Das Rückstoßprinzip als Raketenantrieb**
>
> Eine Rakete fliegt nach dem Rückstoßprinzip. Sie stößt mit explosionsartiger Geschwindigkeit heiße Gase nach hinten aus, von deren Masse sie sich abstößt. So kann sie auch im luftleeren Weltraum vorwärtskommen. Ein Luftballon, aus dem die Luft entweicht, fliegt nach dem gleichen Prinzip.

Der erste Mensch erreicht den Weltraum

Nach dem Ende des Zweiten Weltkriegs nehmen die Amerikaner nicht nur die letzten 100 A4-Raketen mit in die USA, sondern auch Wernher von Braun und sein Team. Dass der geniale Ingenieur den Nationalsozialisten geholfen hat, spielt für die Amerikaner keine Rolle. Viel wichtiger sind ihnen die überragenden Kenntnisse der Deutschen beim Bau von Raketen. Doch auch die Russen wollen dieses Wissen haben, denn nach 1945

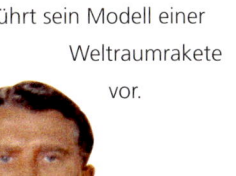

Wernher von Braun führt sein Modell einer Weltraumrakete vor.

Sputnik 1, der erste künstliche Satellit, hatte die Form einer Kugel.

wird die Sowjetunion zum Gegner der westlichen Staaten unter Führung der USA. Der Kalte Krieg beginnt. Obwohl die Russen nur einige Raketenteile erbeuten und ein paar deutsche Techniker auffinden, starten sie sofort ein Entwicklungsprogramm für Raketen. Beide Großmächte haben dieselben Ziele: Einerseits sollen die Raketen Atombomben in feindliche Länder tragen können, andererseits wollen sie mit ihrer Raketentechnik der Welt zeigen, wie technisch überlegen ihr Land ist. Das erste Ziel von Amerikanern und Russen ist es, einen Satelliten in den **Orbit** zu schicken. Obwohl die besten Köpfe unter Wernher von Braun für die USA arbeiten, sind die Russen schneller. Am

Juri Gagarin startete 1961 als erster Mensch ins All.

4. Oktober 1957 schießen sie mithilfe einer Weiterentwicklung der A4 den Satelliten Sputnik ins All. Er sendet ein Radiosignal aus, das auf der ganzen Welt empfangen werden kann. Die Amerikaner sind geschockt und beschleunigen ihre eigenen Vorbereitungen. Am 31. Januar 1958 können auch sie einen Satelliten starten, den Explorer 1. Um ihre Anstrengungen zu bündeln, gründen die Amerikaner die NASA, eine Raumfahrtbehörde, die nun für die Entwicklung des Raketenprogramms zuständig ist. Doch die Russen sind wieder schneller und starten am 12. April 1961 ihre neue Wostok-Rakete mit dem Kosmonauten Juri Gagarin (1934–1968) an Bord. Als erster Mensch umrundet er die Erde und sieht sie als Kugel vom Weltraum aus. 1963 schicken die Russen die erste Frau ins All. Walentina Tereschkowa (*1937) umrundete die Erde gleich 49-mal.

Wissen spezial

Rund um die Erde im Orbit
„Orbit" ist ein anderes Wort für Umlaufbahn. Satelliten und der Mond befinden sich in einer Umlaufbahn um die Erde. Dabei sorgt die Fliehkraft dafür, dass sie nicht auf die Erde fallen, und die Anziehungskraft der Erde, dass sie nicht ins All geschleudert werden.

Der Wettlauf zum Mond

Diesem Triumph müssen die Amerikaner etwas entgegensetzen. Da sie die Russen im Moment noch nicht überrunden können, hält der amerikanische Präsident John F. Kennedy (1917–1963) im Mai 1961 eine Rede und verspricht, dass die USA noch in diesem Jahrzehnt einen Menschen auf dem Mond landen lassen und ihn wieder sicher zur Erde zurückbringen. Das ist der Startschuss für den Wettlauf zum Mond. In Baikonur, dem sowjetischen Weltraumbahnhof, und in Cape Kennedy (später Cape Canaveral), dem amerikanischen Weltraumzentrum, arbeiten die Ingenieure auf

In seiner berühmten Rede kündigte Präsident John F. Kennedy 1961 den Flug zum Mond an.

Insgesamt sechsmal sind die Amerikaner erfolgreich zum Mond geflogen.

Hochtouren, um den Sieg für ihr Land zu erringen. Diesmal sind die Amerikaner schneller und können Kennedys Versprechen tatsächlich einlösen. Wernher von Braun entwickelt die bis dahin größte Rakete der Welt, die Saturn V, die das Raumschiff Apollo 11 zum Mond schießt. Am 20. Juli 1969 setzt die Landefähre Eagle („Adler") auf dem Mond auf. Sechs Stunden später betritt der Astronaut Neil Armstrong (*1930) als erster Mensch den Mond und spricht die längst berühmten Worte: „Ein kleiner Schritt für einen Menschen, aber ein großer Sprung für die Menschheit."

Insgesamt fliegen die Amerikaner sechsmal zum Mond, dann wird das Programm aus Kostengründen eingestellt. Russland gibt sein Mondprogramm ebenfalls auf, ohne einen Menschen zum Mond geschickt zu haben. Stattdessen bauen die Russen die erfolgreichen Raumstationen Saljut und Mir, um im Weltraum forschen zu können. Die Mir ist von 1987 bis 1999 ständig bemannt. Die Forscher führen wissenschaftliche Experimente in der Schwerelosigkeit durch.

Die ISS, das fliegende Labor
Die ISS kreist in rund 400 Kilometern Höhe über der Erde. Seit 2000 ist das fußballfeldgroße Raumschiff ständig bemannt. Die Astronauten verbringen meist mehrere Monate in der Internationalen Raumstation. Sie sind Wissenschaftler, die Experimente in der Schwerelosigkeit durchführen.

Nach dem Ende des Kalten Krieges beginnen Amerikaner, Kanadier, Russen, Europäer und Japaner, in der Weltraumfahrt zusammenzuarbeiten. Seit 1998 bauen und betreiben sie gemeinsam die **Internationale Raumstation ISS**. Gleichzeitig treiben sie die unbemannte Raumfahrt voran, um den Mond und die Planeten aus der Nähe zu erforschen. Raumsonden, die Millionen von Kilometern in den Weltraum fliegen, liefern beeindruckende Nahaufnahmen von Merkur, Venus, Mars, Jupiter, Saturn, Uranus und Neptun. Auch eine bemannte Forschungsmission zum Mars ist vielleicht nur noch eine Frage der Zeit. Forscher arbeiten schon an Plänen, in den nächsten 50 Jahren Astronauten auf die dreijährige Flugreise zum Mars zu schicken.

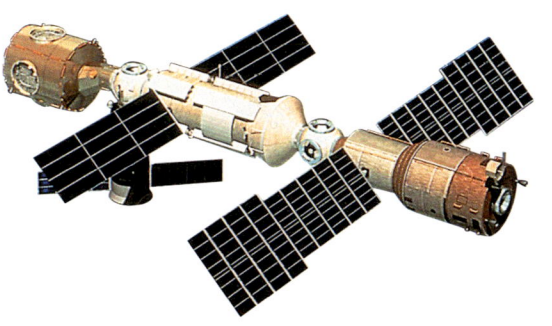

Ein Modell der Internationalen Raumstation ISS

Erfindungen auf einen Blick

Die ganze Geschichte der Erfindungen zu erzählen, würde sicherlich mehrere Bände füllen. Welche Ideen aber haben die Welt tatsächlich verändert? Diese Zeitleiste stellt die 20 genialsten Erfindungen der Menschheit im Überblick vor.

Die Menschen lernen selbst Feuer zu machen.

Die Menschen erfinden das Rad.

800.000 v. Chr.

6000 v. Chr.

Nikola Tesla macht den Wechselstrom berühmt.

Carl Benz baut den ersten motorgetriebenen Wagen.

William Baron Le Jenney lässt den ersten Wolkenkratzer errichten.

Carl von Linde entwickelt die Kältemaschine und revolutioniert die Lebensmitteltechnik.

1893

1885

1885

1871

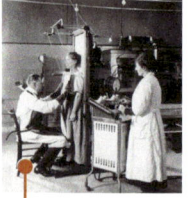

Wilhelm Conrad Röntgen erstellt das erste Röntgenbild der Geschichte.

Cecil Booth erfindet den Staubsauger.

Maschinen werden weitgehend automatisch gesteuert.

1895

1901

um 1920

Seefahrer erfinden
den Kompass.

Ein Mönch lässt den
ersten Lesestein her-
stellen, den Vorläufer
der Brille.

Johannes Gutenberg
erfindet den moder-
nen Buchdruck.

James Watt erfindet
die Dampfmaschine neu.

1000 **1240** **1452** **1769**

Philipp Reis baut
den ersten Telefon-
apparat.

Charles Goodyear
entdeckt wie aus Kaut-
schuk und Schwefel
Gummi wird.

Die Menschen bauen
die ersten Fluggeräte.

1861 **1839** **um 1800**

Manfred von Ardenne
baut das erste vollelek-
tronische Fernsehgerät.

Otto Hahn entdeckt
die Kernspaltung.

Alan Turing baut
den Vorläufer
des Computers.

Russland entwickelt
den ersten funktions-
tüchtigen Satelliten.

1930 **1938** **1941** **1957**

Register

Im Register sind Personennamen und Sachbegriffe verzeichnet. Fett gedruckte Seitenzahlen bedeuten: Zu diesen Einträgen gibt es Lexikonboxen (Wissen spezial oder Thema).

Bildquellennachweis

aisa, Archivo iconográfico, Barcelona 31, 36, 54, 76

akg-images, Berlin 53, 124, 142

AT & T Archives, Warren, NY 7, 156, 157

Bibliographisches Institut & F. A. Brockhaus, Mannheim 51, 99, 131, 147

Bildarchiv Paturi, Rodenbach 101

Bildarchiv Preußischer Kulturbesitz, Berlin 110, 138

© CORBIS/Royalty-Free 27, 111, 166

J. Cullmann, Schwollen 33, 35

Deutsches Historisches Museum, Berlin 141

Deutsches Museum, München 111, 130

DUDEN PAETEC, Berlin 148

Gutenberg-Museum, Mainz 44

IBM Deutschland, Sindelfingen 153, 156

Institut für Altertumskunde der Universität zu Köln 43

Dr. G. Joppig/W. Pulfer, München 133

H. Kahnt, Naunhof 27

www.kasper-richter.de 66

Max-Planck-Gesellschaft, München 145

MEV Verlag, Augsburg 41, 66, 66, 71, 86, 121, 122

Museum für Energiegeschichte(n), Hannover 124

Museum für Post und Kommunikation, Frankfurt am Main 76

NASA, Washington D. C. 167

picture-alliance/akg-images, Frankfurt am Main 3, 4, 5, 5, 6, 6, 7, 15, 19, 20, 22, 22, 23, 23, 28, 29, 30, 30, 34, 34, 36, 40, 43, 44, 44, 46, 46, 48, 49, 50, 50, 52, 52, 54, 55, 57, 58, 58, 60, 61, 63, 68, 73, 74, 79, 80, 81, 84, 85, 87, 87, 88, 89, 89, 89, 91, 92, 93, 93, 95, 97, 99, 100, 101, 103, 105, 105, 106, 107, 107, 108, 108, 108, 109, 109, 112, 113, 114, 115, 116, 122, 124, 124, 126, 134, 135, 136, 137, 137, 139, 140, 140, 140, 141, 142, 144, 148, 153, 161, 161, 162, 162, 167, 168, 168, 168, 169, 169, 169, 169

picture-alliance/ASA, Frankfurt am Main 5, 66

picture-alliance/Bildagentur Huber, Frankfurt am Main 4, 6, 12, 13, 14, 19, 65, 69, 86, 94, 110

picture-alliance/dpa, Frankfurt am Main 6, 7, 9, 9, 10, 11, 16, 17, 17, 20, 24, 26, 26, 28, 31, 33, 33, 35, 35, 36, 41, 42, 47, 56, 59, 60, 62, 63, 65, 65, 67, 68, 70, 70, 71, 74, 75, 76, 81, 81, 82, 83, 83, 85, 90, 94, 95, 96, 97, 102, 104, 114, 115, 120, 121, 125, 125, 127, 127, 128, 129, 130, 133, 145, 146, 147, 148, 149, 149, 150, 151, 151, 153, 154, 155, 158, 159, 159, 163, 164, 164, 165, 166, 168, 168, 168, 168, 168, 169, 169

picture-alliance/epd, Frankfurt am Main 41

picture-alliance/gms 159

picture-alliance/Godong, Frankfurt am Main 8, 15, 18, 32, 33, 69, 168, 169

picture-alliance/HB-Verlag, Frankfurt am Main 4, 26, 67

picture-alliance/IMAGNO/Austrian Archives, Frankfurt am Main 47

picture-alliance/IMAGNO/Schostal Archives, Frankfurt am Main 123

picture-alliance/IMAGNO/Lothar Rübelt/NB, Frankfurt am Main 143

picture-alliance/IMAGNO/Gerhard Trumler, Frankfurt am Main 45

picture-alliance/kpa photo archive, Frankfurt am Main 4, 5, 7, 12, 17, 21, 25, 28, 29, 38, 39, 57, 60, 62, 64, 78, 83, 98, 102, 103, 113, 113, 114, 117, 118, 129, 130, 132, 138, 143, 152, 160, 169, 169, 169

picture-alliance/Helga Lade Fotoagentur, Frankfurt am Main 14, 119, 125, 125

picture-alliance/MaxPPP, Frankfurt am Main 72, 169

picture-alliance/Bildarchiv Okapia, Frankfurt am Main 77, 77, 117, 127, 157

picture-alliance/Photoshot, Frankfurt am Main 100, 102, 116

picture-alliance/Picture Press, Frankfurt am Main 73, 77

picture-alliance/Picture Press/M.+U.Wiede, Frankfurt am Main 25

picture-alliance/scanpix, Frankfurt am Main 10

Siemens, Erlangen und Mannheim 119

Sigloch Edition, Sirius Bildarchiv, Blaufelden 75

Sigloch Edition, Sirius Bildarchiv, Blaufelden/E. Hehl 49

R. A. Steinberg 74

Technische Universität Bergakademie Freiberg, Sachsen 25, 146

Thomas Thiemeyer 9, 10

Carl Zeiss, Oberkochen 37

Umschlagabbildungen picture-alliance/akg-images, Frankfurt am Main: Benz Patentmotorwagen – picture-alliance/dpa, Frankfurt am Main: Dampflokomotive (Seitenansicht), H-2A-Rakete, Roboter, Phonograph, Kompass, Dampflokomotive (Frontalansicht), Flugzeug, Nachbau der Blériot XI – picture-alliance/kpa photo archive, Frankfurt am Main: Glühbirne – picture-alliance/Picture Press/K. Westermann, Frankfurt am Main: Radiofernseher

LIVE DABEI

Abenteuer Weltgeschichte
20 entscheidende Ereignisse von der Steinzeit bis heute

Text von Ulli Kulke
Mit mehr als 300 Fotos
Gebunden, 176 Seiten

Ab 11 Jahren
ISBN 978-3-407-75328-1

An Bord der Santa Maria, im Jahr 1492: Christoph Kolumbus schlägt seinen meuternden Seeleuten einen Handel vor. Sollte in drei Tagen immer noch kein Land in Sicht sein, dürfen sie ihn über Bord werfen. Die Santa Maria ist auf dem Weg nach Amerika – auf dem Weg in eine neue Welt …

Dieser Band stellt große historische Ereignisse vor
und erläutert ihre Auswirkungen auf das Leben der Menschen
und für die Geschichte – von der Steinzeit bis heute

Spannende Szenen eröffnen die Kapitel. Sie lassen den Leser
in die Zeit eintauchen und unmittelbar am Geschehen teilnehmen.
Über 300 Fotos illustrieren das Geschehen.
Begleitende Lexikonboxen erklären wichtige Begriffe.

Beltz & Gelberg und Der Jugend Brockhaus

Wissen, wo man nachschlägt!

**Der Jugend Brockhaus
in drei Bänden**

Ab 10 Jahren
ISBN 978-3-7653-2306-5

Über 10.000 Stichwörter liefern umfassende,
verlässliche und aktuelle Informationen zu allen
Wissensgebieten. 2000 Fotos, Grafiken, Zeichnungen
und Karten stellen die Inhalte anschaulich dar.
Linktipps erleichtern die Recherche im Internet.
24 Sonderartikel zu aktuellen Themen regen die
Jugendlichen zum Weiterdenken an und helfen
bei der Vorbereitung von Schulreferaten.

**Der Jugend Brockhaus
in einem Band**

Ab 10 Jahren
ISBN 978-3-7653-3151-0

Dieses kompakte Nachschlagewerk sollte auf keinem
Schülerschreibtisch fehlen. Mehr als 7.000 Stich-
wörter bieten zuverlässige Informationen zu allen
Themenbereichen. 1300 Fotos, Grafiken und
Zeichnungen veranschaulichen die Texte. Linktipps
zu Jugendthemen unterstützen die zeitgemäße
Recherche im Internet. Übersichtstafeln präsentieren
die wichtigsten Themen zur Allgemeinbildung.

**Der Jugend Brockhaus
Geschichte**

Ab 12 Jahren
ISBN 978-3-7653-3221-0

Mehr als 250 Stichwörter halten das Grundwissen
zur Weltgeschichte bereit. Anhand von Quellentexten
und Originalzitaten von Zeitzeugen können Jugend-
liche Geschichte hautnah miterleben. Wissensboxen
zum „Leben damals" geben Einblicke in den Alltag
der Menschen durch die Jahrhunderte. Mit über
500 Fotos und Zeichnungen.

**Der Jugend Brockhaus
Weltall und Raumfahrt**

Ab 12 Jahren
ISBN 978-3-7653-3161-9

Das ganze Universum in einem Band! Mehr als 300
Stichwörter liefern spannendes Wissen für Welt-
raumforscher ab 12 Jahren: Von der Reise durch
unsere Galaxis bis zum Abenteuer Raumfahrt. For-
scherboxen mit verblüffenden Experimenten und
Tipps zur Himmelsbeobachtung runden den Band
ab. Mit über 450 Fotos und Zeichnungen.

Geschichte kompakt

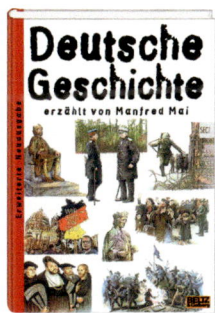

**Deutsche Geschichte
erzählt von Manfred Mai**

Ab 12 Jahren
ISBN 978-3-407-75322-9

Die deutsche Geschichte von den Germanen bis
zum wiedervereinten Deutschland am Beginn des
dritten Jahrtausends - Manfred Mai zeichnet
die Hauptlinien der deutschen Vergangenheit nach
und erzählt anschaulich und lebendig von ihren
wichtigsten Ereignissen und Personen. Ein Buch,
das zeigt, wie spannend Geschichte sein kann.
Mit Bildern von Julian Jusim.

**Geschichte der deutschen Literatur
erzählt von Manfred Mai**

Ab 12 Jahren
ISBN 978-3-407-75323-6

Von den Merseburger Zaubersprüchen bis zur
Gegenwartsliteratur – Manfred Mai erzählt von über
tausend Jahren deutscher Dichtung, ihren wichtigen
Epochen, Autoren und Werken, aber auch von ihrer
Einbettung in die politische und soziale Entwicklung,
ohne die sie nicht zu verstehen ist. Ein Nachschlagewerk, das Lust auf Lesen macht. Mit Bildern
von Rotraut Susanne Berner.

**Geschichte der deutschen Wirtschaft
erzählt von Nikolaus Piper**

Ab 12 Jahren
ISBN 978-3-407-75324-3

Vom ersten Tauschhandel bis zur umstrittenen
Globalisierung: Nikolaus Piper erzählt die Geschichte
der Wirtschaft, bietet Fakten und Zahlen, stellt
Wirtschaftslenker und -denker vor – und beweist,
wie fesselnd Wirtschaft sein kann. Mit Bildern von
Aljoscha Blau, Sach- und Namenregister. Ausgezeichnet mit dem Deutschen Jugendliteraturpreis.

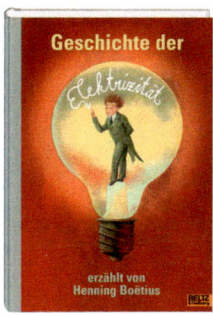

**Geschichte der Elektrizität
erzählt von Henning Boëtius**

Ab 12 Jahren
ISBN 978-3-407-75326-7

Henning Boëtius erzählt von Experimenten und
Erfindungen, von Forschern und Laien, ihren Erfolgen
und Fehlschlägen. Er erklärt komplexe Zusammen-
hänge und grundlegende Begriffe – stets mit Blick auf
die Bedeutung der Elektrizität für die Menschheit. Mit
Abbildungen, Sach- und Namenregister. Nominiert für
den Deutschen Jugendliteraturpreis 2007.

Bibliografische Information der Deutschen Nationalbibliothek
Die Deutsche Nationalbibliothek verzeichnet diese Publikation in der
Deutschen Nationalbibliografie; detaillierte bibliografische Daten
sind im Internet über http://dnb.ddb.de abrufbar.

Das Wort BROCKHAUS ist für den Verlag
Bibliographisches Institut & F.A. Brockhaus AG
als Marke geschützt.

Redaktionelle Leitung: Caroline Lerch
Lektorat: Christine Schlitt
Fachberatung: Felix R. Paturi
Bildredaktion: Angelika Sust
Text: Bernd Flessner
Herstellerische Leitung: Myriam Frericks, Annette Aatz
Layout und Satz: Petra Bachmann, Weinheim
Gesamtherstellung: Firmengruppe APPL, aprinta druck, Wemding
Printed in Germany
ISBN 978-3-407-75329-8